D1719079

ClimatePartner °

Dieses Buch wurde klimaneutral hergestellt.
CO_2-Emissionen vermeiden, reduzieren, kompensieren –
nach diesem Grundsatz handelt der oekom verlag.
Unvermeidbare Emissionen kompensiert der Verlag
durch Investitionen in ein Gold-Standard-Projekt.
Mehr Informationen finden Sie unter www.oekom.de.

Bibliografische Information der Deutschen Nationalbibliothek:
Die Deutsche Nationalbibliothek verzeichnet diese Publikation
in der Deutschen Nationalbibliografie; detaillierte bibliografische
Daten sind im Internet über http://dnb.d-nb.de abrufbar.

© 2011 oekom verlag, München
Gesellschaft für ökologische Kommunikation mbH
Waltherstraße 29, 80337 München

Lektorat, Gestaltung + Satz: Heike Tiller, München
Umschlaggestaltung + Umschlagillustration: Torge Stoffers, Leipzig
Druck: Erhardi Druck, Regensburg

Der Innenteil dieses Buches wurde auf 100%igem Recyclingpapier
gedruckt, ausgezeichnet mit dem Blauen Engel.

FSC
www.fsc.org

MIX
Papier aus verantwor-
tungsvollen Quellen
FSC® C014942

Markus Reiter

Lob des Mittelmaßes

Warum wir nicht alle Elite sein müssen

Warum wir das Mittelmaß wertschätzen sollten

Neun von zehn deutschen Führerscheinbesitzern sind laut Umfragen davon überzeugt, überdurchschnittlich gute Autofahrer zu sein. Diese Selbsteinschätzung kann – ungeachtet der individuellen Fahrkünste – schon aus rein mathematischen Gründen nicht den Tatsachen entsprechen. Denn sonst müssten sich die restlichen zehn Prozent als so abgrundtief schlechte Fahrer erweisen, dass sie es ohne Unfall kaum mehr als ein paar Meter aus der Garage schaffen würden. Insgesamt wäre es der Verkehrssicherheit am zuträglichsten, wenn unsere Straßen nicht von lauter Genies am Steuer bevölkert wären, sondern von überwiegend soliden, wenngleich mittelmäßigen Autofahrern: Wagenlenker, die um die Beschränktheit ihrer Fähigkeiten wissen, verhalten sich in der Regel umsichtiger als solche, die sich ohne Weiteres ein Autorennen auf dem Nürburgring zutrauen würden. Kurzum: Mit dem Mittelmaß wären wir alle auf der sicheren Seite.

Warum bezeichnet sich dennoch kaum jemand selbst als mittelmäßigen Autofahrer? Dies könnte neurobiologische Ursachen haben. Das menschliche Gehirn, so mutmaßt die britische Hirnforscherin Cordelia Fine in ihrem Buch *A Mind of Its Own,* setzt auf unsere Eitelkeit. Es mag weder sich selbst noch anderen eingestehen: »Ich bin nur mittelmäßig«. Stattdessen bediene sich das Gehirn eines Tricks, vor allem die für Emotionen und emotionale Bewertungen zuständigen Teile. Es sucht sich aus unseren fahrerischen Fähigkeiten jene aus, die wir tatsächlich gut beherrschen, zum Beispiel rückwärts einzuparken oder rasant zu überholen. Genau diese wird dann als Messlatte für erstklassige Fahrleistungen definiert, während das, worin wir weniger geschickt sind, nebensächlich erscheint. Und siehe da: In irgendetwas sind wir hinter dem Steuer immer gut. So kann jeder von uns in der Illusion leben, ein überdurchschnittlich guter Fahrer zu sein.

Das Muster erscheint vertraut. So war mein Chemielehrer etwa davon überzeugt, dass die genaue Kenntnis des Gärungsprozesses von Bier unabdingbarer Bestandteil der Allgemeinbildung sei. Da er sich mit diesem chemischen Vorgang gut auskannte, hielt er große Stücke auf seine herausragende Allgemeinbildung. Mein Deutschlehrer hingegen bestand darauf, allgemeingebildet könne nur genannt werden, wer wisse, wer den Gebrüdern Grimm die Märchen für ihre Sammlung erzählt hat – ein Wissen, über das er selbstredend verfügte.

Die Schule ist auch der Ort, an dem uns schon früh eine gewisse Missachtung des Mittelmaßes mit auf den Weg gegeben wird. Wer ein Zeugnis mit lauter Dreiern nach Hause bringt, erntet dafür selten Lob und Anerkennung, obgleich er durchweg befriedigende Leistungen erbracht hat. Wer dagegen mit einer Reihe von Einsen aufwarten kann, dem verzeiht man auch den einen oder anderen Ausreißer nach unten in anderen Fächern.

Das Mittelmaß hat es schwer. Ihm wird – nicht nur beim Autofahren und in der Schule – Verachtung und Spott zuteil. Der österreichische Schriftsteller Michael Köhlmeier lässt in seinem Roman *Abendland* dessen Protagonisten, den Mathematikprofessor Carl Jakob Candoris, resümieren: »Das Genie reißt eine Vermutung auf! Und anschließend kommen die Ameisen. Mittelmaß ist nicht einfach nur ein bisschen weniger, es ist gar nichts – in der Mathematik nichts, in der Musik nichts, in allen Künsten nichts.« Dieser Professor Candoris huldigt einem Geniekult, der dem 19. Jahrhundert entstammt.

Johann Wolfgang Goethe, der sich selbst im Ruhm sonnte, als größtes Genie seiner Epoche zu gelten, klagte in den *Xenien*, die er gemeinsam mit dem nicht minder genialen Friedrich Schiller verfasste: »Mittelmäßigkeit ist von allen Gegnern der schlimmste. Deine Verirrung, Genie, schreibt sie als Tugend sich an.«

Die Vertreter des Sturm und Drang betrachteten das Mittelmaß als Ausdruck von Spießigkeit und Philistertum. Dem Genie hingegen gestanden sie zu, bürgerliche Grenzen überschreiten zu dürfen. Anders in der Antike, im europäischen Mittelalter sowie in vielen asiatischen Religionen und Denkschulen. Sie wussten das Mittelmaß zu schätzen – ja, sie hielten es sogar für erstrebenswert. Es verlangte nämlich von den Menschen die Zügelung ihrer Leidenschaften, die Mäßigung also. Der römische Dichter Horaz zum Beispiel sprach in Anlehnung an die Ethik des Aristoteles von der »goldenen Mitte«, der *aureas mediocritas*.

Das fortschrittstrunkene 19. Jahrhundert konnte mit der Mäßigung – dem Versuch, die Leidenschaften zu bändigen und ihnen ein Maß zu geben – nicht viel anfangen. Friedrich Nietzsche hat die Vorstellung eines über das Mittelmaß hinausragenden Übermenschen sogar zu einem biologistischen Weltbild verdichtet, das einem selbst dann unheimlich vorkommt, wenn man ihm sein Nachhallen in der nationalsozialistischen Rassenideologie nicht vorwirft.

Ein Nachklang der Genieverehrung des Sturm und Drang findet sich in Stefan Zweigs *Sternstunden der Menschheit,* einer Sammlung historischer Miniaturen aus dem Jahr 1927. Eine der historischen Skizzen darin heißt *Genie einer Nacht* und erzählt, wie der junge Gardehauptmann Claude Joseph Rouget de Lisle in übernächtigtem Zustand und in einem Anfall von Geistesgröße in der Nacht vom 25. auf den 26. April 1792 die spätere französische Nationalhymne, die Marseillaise, zu Papier bringt. »Der Genius der Stunde«, schreibt Zweig, habe »für diese einzige Nacht Hausung genommen in seinem sterblichen Leib«. Der Dichter gesteht einem mittelmäßigen Komponisten also nicht zu, ein gelungenes Gesellenstück abliefern zu können – ein flüchtiges Genie muss sich des Hauptmanns bemächtigen und nach vollbrachter Tat sogleich entschwinden.

Das Verschwinden des Genies

Solche Vorstellungen von Genie sind uns heute fremd geworden. Wer Menschen auf der Straße nach einem Genie fragt, wird Namen aus vergangenen Jahrhunderten hören, zum Beispiel Leonardo da Vinci, Goethe, Albert Einstein oder Ähnliche. Das auf ökonomischen Erfolg fokussierte ausgehende 20. und das beginnende 21. Jahrhundert haben Abschied vom Geniekult genommen. In der Wissenschaft, in der sich globalisierte Netzwerke aus Forscherteams durch kleinteilige, hoch spezialisierte Aufgaben pflügen, begegnet man ihm kaum noch; selbst in der Kunst ist er selten geworden, wo wir einem Maler oder Autor zwar des Öfteren Brillanz zugestehen, aber kaum Genie. Lediglich kultisch verehrten Firmengründern wie Steve Jobs von Apple wird hin und wieder noch Genialisches zugesprochen. Doch selbst hier wagen es die meisten nur mit ironischem Unterton. »Steve Jobs ist ein Genie. Ein absolutes Genie«, schreibt etwa der Journalist

David Derbyshire in einem Blog für die englische Tageszeitung *The Telegraph* und fährt ironisierend fort: »Nicht weil er der Welt das iPod, iTunes und den iMac gebracht hat, sondern wegen seiner erstaunlichen Fähigkeit, in Menschen das Verlangen nach Dingen auszulösen, die sie gar nicht benötigen.« Platz für ein echtes, ernst genommenes Genie hat unsere heutige Welt nicht.

An die Stelle des Geniegedankens ist die Idee von einer Elite getreten. Was zugleich bedeutet, dass es nicht mehr um den Einzelnen geht, sondern um ein Kollektiv. Anders als das Genie stehen die Angehörigen der Elite zudem nicht mehr außerhalb des Maßstabs der bürgerlichen Gesellschaft, sie stehen an ihrer Spitze oder – um es pointierter zu formulieren – sie sind der Maßstab der bürgerlichen Gesellschaft.

In einem wichtigen Punkt unterscheiden sich Genies und Elite: Einem Genie nachzueifern oder sich gar ins Zeug zu legen, um eines zu werden, wäre Unsinn, zumal wenn einem die dazu notwendige Genialität fehlt. Zum Genie wird man geboren und beginnt seine entsprechende Karriere am besten als »Wunderkind«. Anders der Aufstieg in die Elite: In Zeiten, in denen auch die Gesellschaft sich demokratisch legitimieren muss, werden Eliten – anders als das von der Natur verliehene Genie – meritokratisch definiert. Das bedeutet, Verdienst, Leistung und eigene Anstrengung, nicht Geburt, Genetik oder Privileg erlauben den Zugang zum Kreis der Elite. So jedenfalls will es der Mythos, der gerade von den Eliten selbst gepflegt wird. Der Darmstädter Soziologe Michael Hartmann hat diese Selbstsicht in empirischen Studien als Täuschung entlarvt. Wirkmächtig ist das meritokratische Verständnis von Elite dennoch, denn es bestimmt in weiten Teilen die politische und gesellschaftliche Debatte, etwa wenn es um die Integration von Migranten geht.

Nachdem der Begriff der Elite in den 1960er- und 1970er-Jahren durch die gesellschaftlichen Umbrüche als diskreditiert galt, ist er heute wieder allgemein akzeptiert. Zwar behaupten einige Konservative noch immer, die »Elitenfeindlichkeit« halte an, doch dabei handelt es sich um den Nachhall einer längst entschiedenen Debatte. Nahezu 60 Prozent der Deutschen geben in Umfragen an, dass die Bundesrepublik einer Elite in Politik, Wirtschaft und Kultur bedürfe. Es mag ja sein, dass die herrschenden Eliten nicht zuletzt in der Finanzkrise und dem daraus folgenden Debakel an Ansehen verloren haben. Aber selbst dann dreht sich die Diskussion höchstens um ihre Selbstreinigung, manchmal – bei den ganz Radikalen – um einen Austausch. Ihre völlige Verzichtbarkeit postulieren nur wenige Unentwegte.

Warum die Elitendebatte eine Ressourcendebatte ist

Darüber ist zunächst einmal gar nicht zu klagen. Es sprechen durchaus gute, noch zu erläuternde Gründe dafür, dass die Gesellschaft eine Elite benötigt. Eine Elitenbildung wird sich letztlich ohnehin nicht vermeiden lassen, weil Gruppen von Menschen, die sich in Positionen mit Gestaltungsmacht befinden, sich automatisch als Elite verstehen werden. Entscheidend sind andere Fragen, beispielsweise als wie meritokratisch sich der Aufstieg in die Elite tatsächlich erweist. Und wie sich – zumindest in Ansätzen – eine Chancengleichheit für diesen Aufstieg verwirklichen lässt. Vor allem aber, wie die Ressourcen zur Förderung zwischen einer Elite und jenen, die nicht zu dieser Gruppe gehören, verteilt werden.

Es geht dabei wie so oft ums Geld. Politik und Gesellschaft stecken schließlich trotz knapper werdender finanzieller Mittel sehr viel Geld in die Elitenförderung. Zahlreiche Universitäten messen sich regelmäßig in Exzellenzinitiativen – in der Hoffnung, zur Elitehochschule ausgebaut zu werden, auf dass den Guten noch mehr Gutes getan werde. Als Vorbild dient die sogenannte *Ivy League* in den Vereinigten Staaten, jene Handvoll bester Universitäten, welche die meisten Nobelpreisträger hervorbringen und deren Abschluss eine Führungsposition in welchem Feld auch immer verspricht.

Elitenförderung verschlingt finanzielle Ressourcen, oft genug Steuergelder, die von der Allgemeinheit aufgebracht werden. Spitzenwissenschaftler sollen mit viel Geld geködert und an einer Universität gehalten werden; hochbegabte Schüler bekommen die Möglichkeit, in speziellen Gymnasien gefördert zu werden. Angebliche Spitzenmanager und Top-Investmentbanker in privaten sowie in öffentlich-rechtlichen Instituten erhalten immense Jahresboni, für die ein normaler Angestellter sein ganzes Leben oder länger arbeiten müsste. Sportler werden überhaupt erst ernst genommen und haben Aussicht auf Sponsorengelder, wenn sie in die olympische Spitze vorstoßen. Selbst ein vierter oder fünfter Platz unter den weltbesten Sportlern gilt als Niederlage des ganzen Landes und löst eine Diskussion über die bessere Förderung des Spitzensports aus.

Was aber geschieht mit den anderen? Was geschieht mit den Mittelmäßigen? Das Mittelmaß gilt offensichtlich nicht als förderungswürdig.

Dies kann man nur als ausgesprochen ungerecht bezeichnen, denn die gesamte Gesellschaft baut auf dem Mittelmaß auf. Ohne Mittelmaß brächen Wirtschaft, Wissenschaft, Kultur, Sport, Unterhaltungsindustrie und nicht zuletzt die Politik zusammen. Johann Gottfried Herder, der durchaus geniale Philosoph, wusste das Mittelmaß zu schätzen. Er schrieb 1767: »Was ist denn aber an Genies gelegen? Desto mehr liegt uns an brauchbaren Männern. Zu diesen wird eine glückliche Temperatur von Gaben und Geschicklichkeiten erfordert; eine gewisse Mittelmäßigkeit, die sich nicht zu Genies und Geistschöpfern hebet und nicht zu dummen Dorfteufeln herabsinket; eine mittlere Größe, die eben den Punkt der Nutzbarkeit trifft.«

»Nutzbarkeit« ist das entscheidende Wort. Ohne die Mittleren haben die Besten keinen gesellschaftlichen Nutzen. Das heißt: Wir sollten der Tyrannei der Exzellenz ein Lob des Mittelmaßes entgegensetzen. Genau das will dieser Essay. Ich möchte darlegen, dass das Mittelmaß in allen gesellschaftlichen Bereichen die Verachtung nicht verdient hat, mit der es gestraft wird. Dass wir uns nicht dafür schämen müssen, in fast allem, was wir tun, mehr oder minder Mittelmaß zu sein. Wie beim Autofahren gibt es vermutlich etwas in unserem Leben, wo wir über das Mittelmaß hinausragen – ohne dass der Rest wertlos wird.

Nehmen wir das Beispiel eines Hobby-Marathonläufers, der die Strecke über rund 42,2 Kilometer in etwa vier Stunden bewältigt. Marathon eignet sich besonders gut für eine Betrachtung, weil es der einzige Sport sein dürfte, bei dem die Weltspitze und beliebige Amateure in einem gemeinsamen Wettbewerb starten. Für seinen Sport nimmt der Hobbyläufer allerlei Mühen auf sich und trainiert vier- bis fünfmal pro Woche, teilweise mehrere Stunden und bis zur Erschöpfung. Dennoch wird er bei den großen Marathons wenig mehr als die Hälfte der Strecke geschafft haben, wenn die Weltspitze bereits ins Ziel einläuft. Genetik, Lebensumstände, vielleicht sein Alter werden ihm niemals erlauben, dass er – gemessen an der Weltspitze – mehr wird als ein mittelmäßiger Marathonläufer, weit entfernt von der Elite. Ist seine Anstrengung deshalb weniger wert? Sind Schweiß und Trainingsfleiß keiner Anerkennung würdig? Mehr noch: Was wäre der Sieg eines Spitzenläufers ohne das Wissen, dass die Mehrheit der Läufer eineinhalb bis zwei Stunden nach ihm die Ziellinie überquert?

Tatsächlich erfährt der Hobbyläufer ja durchaus Anerkennung, gelegentlich sogar Bewunderung durch seine Mitmenschen, die sehr genau wissen, dass das, was objektiv Mittelmaß ist, für den Einzelnen eine persönliche Leistung darstellt. Vielleicht sind für ihn durch fleißiges Training noch ein paar Minuten weniger drin, doch im Prinzip wird er das Maß des ihm Möglichen erreicht haben. Die meisten Marathonläufer dieser Welt werden *Mittelmaß* bleiben. Genauso wie die meisten Fußballer, Tennisspieler, Golfer und Rhönradturner. Aber das gibt uns nicht das Recht, ihre Leistung als Ausdruck ihrer *Mittelmäßigkeit* anzusehen.

Denn man muss die beiden Begriffe auseinanderhalten. »Mittelmäßigkeit« bedeutet, aus Mangel an Mut und Entschlossenheit unter seinen Möglichkeiten zu bleiben: Man könnte besser sein, ist aber zu bequem dazu. Es liegt also in der Hand des Einzelnen, seine Mittelmäßigkeit zu überwinden. Dagegen muss sich niemand seines Mittelmaßes schämen, weil es – schon aus statistischen Gründen – immer eines geben wird. Die Menschen sind nun einmal ungleich an Intelligenz und Fähigkeiten. Wer seine Arbeit macht, so gut es ihm die Natur erlaubt, sollte dafür auch die entsprechende gesellschaftliche Anerkennung bekommen.

In diesem Essay werden sowohl das Adjektiv »mittelmäßig« als auch der Begriff »die Mittelmäßigen« oder Ähnliches verwendet, allerdings stets – wenn nicht ausdrücklich anders vermerkt – im Sinn von »Mittelmaß«, nicht »Mittelmäßigkeit«.

Was Mittelmaß braucht

Grundsätzlich berührt die Diskussion zwei Fragen. Zum einen die Wertschätzung des Mittelmaßes. Die in unserem Sinn Mittelmäßigen tragen in allen Unternehmen und Institutionen die Hauptlast der Arbeit. Sie setzen um, was die Spitze erdacht hat. Sie schlagen sich mit den alltäglichen Problemen herum, die scheinbar geniale Ideen der Eliten nach sich ziehen. Sie sind die Ruderer, ohne die das Boot selbst beim besten Steuermann den Strömungen ausgeliefert wäre. Wer sich das Mittelmaß wegdenkt, wird die Spitze einbrechen sehen.

Doch es geht um mehr als um einen aufmunternden Schulterklaps für das Mittelmaß, nämlich – zum zweiten – um die Ressourcenverteilung in der Gesellschaft: Wer bekommt wie viel Geld wofür? Hier kann ein Blick auf den derzeitigen Stand der Intelligenzforschung hilfreich sein. Intelligenz wird, darin sind sich die meisten Wissenschaftler heute einig, von zwei Faktoren bestimmt: den genetischen Grundlagen eines Menschen, also seinen angeborenen Eigenschaften, und dem Umwelteinfluss. Der Einfluss der Umwelt nimmt ab, je anregender sie wird. Über eine ordentliche Ausstattung von Kindergärten, Schulen und Universitäten hinaus sind weiter verbesserte Umweltbedingungen nur von begrenztem Nutzen. Das bedeutet: Unter mittelmäßigen Bedingungen setzt sich das Genie von alleine durch. Unter miserablen Bedingungen kann sich aber selbst eine mittelmäßige Intelligenz nicht ausbilden. Es den Begabtesten noch ein bisschen bequemer zu machen, ließe die Gesellschaft als Ganzes weniger profitieren, als wenn den am wenigsten Privilegierten zu anständigen Verhältnissen verholfen würde. In anderen Worten: Gute Schulen für alle sind ertragreicher als Spitzenschulen für wenige. Gute Universitäten für sehr viele fleißige Studenten sind volkswirtschaftlich sinnvoller als Eliteuniversitäten für einige wenige. Mehr noch – und das wird in den folgenden Kapiteln deutlicher: Eliteinstitutionen dienen oft genug nicht dazu, die Besten herauszubilden, sondern sie verhelfen der bestehenden Elite zur Reproduktion.

Die Gesellschaft sollte also nicht die knapper werdenden finanziellen Mittel zum Großteil in die Spitzenförderung stecken. Vor allem nicht, wenn die Schaffung einiger Hochbegabtenschulen und Eliteuniversitäten bedeutet, dass die Mehrheit der Schulen und Universitäten kaum genug Geld hat, die minimalen Bedürfnisse des Mittelmaßes zu erfüllen.

Wir können in Wirklichkeit nur deshalb Spitze sein, weil wir ein so gutes breites Mittelmaß im Bildungssystem haben. Der Jenaer Literaturhistoriker und Schriftsteller Johann Gottfried Gruber hat dies bereits 1822 erkannt. In den Anmerkungen zu seiner Christoph-Martin-Wieland-Gesamtausgabe lobte er im umständlichen Gelehrtendeutsch seiner Zeit: »So ist es [...] ebendiese goldene Mittelmäßigkeit, der wir Vorzüge von unendlich größerem Wert, der wir, im Ganzen genommen, mehr Gesundheit des Leibes und der Seele, unverdorbenere Sitten, und, durch die Menge wohl eingerichteter Erziehungsanstalten, Schulen und Universitäten, wodurch sich Deutschland, vermöge seiner Verfassung, vor allen andern Reichen auszeichnet, eine ungleich weiter und über eine größere Anzahl Menschen ausgebreitete Aufklärung, Ausbildung und Veredlung schuldig sind.«

Eine kleine Philosophie des Mittelmaßes

Der deutsche Altertumsforscher Johann Joachim Winckelmann hat im 18. Jahrhundert unser Bild von der europäischen Antike entscheidend geprägt. In seinen einflussreichen Schriften, beispielsweise der zweibändigen *Geschichte der Kunst des Alterthums,* verherrlichte er in erster Linie das klassische Griechenland. Winckelmann erhob die griechische Antike aufgrund der zweifelsohne enormen kulturellen Leistungen zu einem Zeitalter des Außergewöhnlichen. Statuen und Tempel, Theaterstücke und Lyrik betrachtete er als einen Höhepunkt europäischen Kunstschaffens, wie er nie wieder erreicht worden sei. Er verstieg sich sogar zu der Behauptung: »In Gegenden, wo die Künste geblüht haben, sind auch die schönsten Menschen gezeugt worden.« Als Mittelmaß hingegen, als schlechte Kopie, sah Winckelmann die römische Kunst an. Diese Lesart haben seitdem viele Generationen übernommen – und noch heute ist sie in den Köpfen vieler Menschen verankert. Winckelmanns Einschätzung der römischen Kunst erwies sich, wie Kunsthistoriker später feststellten, als ungerecht: Die Römer schufen durchaus eigene, originelle Kunstwerke.

Dabei könnte man das klassische Griechenland sogar als »Zeitalter des Mittelmaßes« bezeichnen, denn »Mittelmaß« ist ein zentraler Begriff griechisch-antiker Philosophie. In der Vorstellung der Griechen waren die irdischen Menschen nämlich unfähig, mehr als nur Mittelmäßiges zu leisten. Wer Außergewöhnliches vollbrachte, musste mit den Göttern im Bund stehen. Viele Helden der griechischen Sagen sind Halbgötter, zum Beispiel in Homers *Illias* der griechische Held des Trojanischen Krieges, Achilleus, dessen Mutter die Meeresnymphe Thetis ist. Oder sie sind die Inkarnationen einer Göttin oder eines Gottes. Sollte es sich doch einmal nur um einen gewöhnlichen Sterblichen handeln, agiert er in der Regel nicht aufgrund eigener Fähigkeiten, sondern weil ihm die Götter zu Hilfe eilen und unsichtbar eingreifen. Apollon beispielsweise verhindert, dass die Trojaner den Warnungen der Seherin Kassandra vor der Kriegslist der Griechen – dem berühmten Trojanischen Pferd – Glauben schenken. Vielfach erweist sich der außergewöhnliche Mensch als Spielball im Machtkampf der Unsterblichen. Damit sind die Beschränkungen des menschlichen Wirkens auf das Mittelmaß im antiken griechischen Denken klar beschrieben.

Ein Nachhall dieser antiken Vorstellung, dass das Außergewöhnliche durch eine Verbindung zum Göttlichen gerechtfertigt sein müsse, findet sich noch bis in den europäischen Spätabsolutismus des 18. Jahrhunderts, im Verständnis des Gottesgnadentums europäischer Monarchen. Die Herrscher legitimierten damit ihre Machtausübung und rechtfertigten ihre Außergewöhnlichkeit, die sie über die mittelmäßigen Beherrschten erhöhte.

Den normalen, nicht durch die Götter gelenkten Menschen verordneten die griechischen Philosophen das Mittelmaß. Aristoteles schreibt dazu in der *Nikomachischen Ethik:* »Als Erstes ist zu erkennen, dass [...] Eigenschaften durch Mangel oder Übermaß zugrunde zu gehen pflegen [...], so wie wir es bei Stärke und Gesundheit sehen. Denn übermäßiges Turnen vernichtet die Gesundheit ebenso wie zu wenig Turnen. Ebenso bewirken dies ein Zuviel an Speise und Trank, das Angemessene dagegen schafft die Gesundheit, mehrt sie und erhält sie. Das gilt nun auch für die Besonnenheit, Tapferkeit und die übrigen Tugenden. Wer alles flieht und fürchtet und nichts aushält, der wird feige, wer aber vor gar nichts Angst hat, sondern auf alles losgeht, der wird tollkühn; und wer Lust auskostet und sich keiner enthält, wird zügellos, wer aber alle Lust meidet, wird stumpf wie ein Tölpel. So gehen also Besonnenheit und Tapferkeit durch Übermaß und Mangel zugrunde, werden aber durch das Mittelmaß bewahrt.« Aristoteles definiert die Mitte, das Übermaß und den Mangel für viele Eigenschaften im Einzelnen. So sei Tapferkeit die Mitte zwischen Furcht und Tollkühnheit, Großzügigkeit die zwischen Verschwendung und Geiz.

Natürlich bezeichnet das Mittelmaß bei Aristoteles nicht eine Eigenschaft, sondern eine Verpflichtung des Handelns, also eine Ethik. Bemerkenswert ist aber, dass für ihn eine Gesellschaft dann am besten funktioniert, wenn nicht alle nach dem Optimum streben. So könnte man ja meinen, ein Höchstmaß an Tapferkeit, also Tollkühnheit, machte ein Volk besonders erfolgreich, weil es dadurch, etwa im Krieg, einen Vorteil erlangte. Doch das sieht Aristoteles nicht so – er bevorzugt das Mittelmaß.

Aristoteles' Lehrer Platon ist diesbezüglich eher ambivalent. Einerseits benutzt er den Begriff der Mäßigkeit – eine Geisteshaltung, die die Triebe des Menschen einzäunen müsse. Dieses maßvolle Handeln zählt er somit zu den Kardinaltugenden. Andererseits schuf Platon in seiner Schrift *Politeia (Vom Staat)* ein Vorbild für totalitäre politische Systeme. Platons Staat soll von Philosophen regiert werden, die bereits im Kindesalter aufgrund ihrer Weisheit ausgewählt und von ihren Eltern getrennt in besonderen Erziehungsanstalten aufgezogen wurden. Sie leben als Erwachsene in einer Art kommunistischer Gütergemeinschaft und sind zum Herrschen berufen. Die Mittelmäßigen hingegen taugen in diesem Gemeinwesen nur als Bauern und Händler; politische Mitsprache wird ihnen verwehrt. Dabei verkennt Platon, dass Tugenden und Untugenden, Gut und Böse in jeder menschlichen Seele wohnen. Selbst Philosophenkönige sind also nicht ausschließlich weise, sondern können auch egoistisch und faktenblind sein. Die Geschichte liefert dafür ebenso viele Beweise wie Experimente der modernen Sozialpsychologie. Politische Systeme, die nicht mit dem Mittelmaß der Herrschenden rechnen, sondern auf deren moralische Außergewöhnlichkeit setzen, sind auf Sand gebaut. Deshalb sind Platons zwei Versuche, den Philosophenstaat in Sizilien zu realisieren, gescheitert.

Bei den Stoikern, einer sehr einflussreichen philosophischen Richtung, die in der römischen Spätantike mit Mark Aurel sogar einen Kaiser zu ihren herausragenden Vertretern zählte, stand das »richtige Maß« im Zentrum ihrer Ethik. Die Menschen sollten ihre Leidenschaften zügeln und zu seelischem Gleichmut im Mittelmaß finden. Die christliche Philosophie knüpfte in der Spätantike an die Hochachtung des Mittelmaßes und der Mäßigung an. So schreibt Kirchenlehrer Augustinus: »Mäßigkeit übt die feste und ruhige Herrschaft der Vernunft über die Begierde und alle anderen unrechten Regungen der Seele aus.« Auch noch in der Aufklärung wird das Mittelmaß wertgeschätzt. Der Philosoph Immanuel Kant sieht in ihm die Grundlage des Schönen: »Das *Mittelmaß* scheint das Grundmaß und die Basis aller Schönheit selbst zu sein«.

Im nachnapoleonischen Frankreich nach den Wirren der Französischen Revolution, der Napoleonischen Herrschaft und der Julirevolution von 1830 konnte der Bürgerkönig Louis Philippe mit seinem Regierungsprinzip des *juste milieu* – der »rechten Mitte« zwischen den politischen Extremen Liberalismus und Konservatismus – durchaus mit Zustimmung rechnen. Der Begriff »juste milieu« war mehr als ein halbes Jahrhundert zuvor von dem großen Philosophen Voltaire in einem Briefwechsel mit dem Grafen d'Argental geprägt worden und durchaus nicht abwertend gemeint.

Ende des 18. Jahrhunderts begründete der englische Sozialreformer Jeremy Bentham die Philosophie des Utilitarismus, dessen moralisches Leitprinzip er mit der Formel vom »größtmöglichen Glück der größtmöglichen Zahl« umriss. Er wandte sich damit gegen eine Politik, die das Wohlergehen einer kleinen Schicht herrschender Eliten in den Mittelpunkt stellte. Sein utilitaristisches Prinzip hingegen erforderte eine Gesellschaft des Mittelmaßes – und Bentham liefert für diese mit seiner Formel eine moralische Begründung.

Der Abstieg des Mittelmaßes

Parallel dazu nahm im 18. Jahrhundert jedoch die Wertschätzung des Mittelmaßes mehr und mehr ab. Die deutschen Klassiker, vor allem in der Phase des Sturm und Drang, neigten eher den großen, erhabenen Gefühlen zu als dem Mittelmaß. Goethe schreibt in seinen *Wahlverwandtschaften* mit Blick auf die von ihm verachteten Philister: »Es gibt keinen größeren Trost für die Mittelmä-ßigkeit, als dass das Genie nicht unsterblich sei.« Und der Publizist und Schiller-Kenner Rüdiger Safranski analysiert in einem Interview mit dem damaligen Literatur-redakteur der *Welt,* Uwe Wittstock: »Das Mittelmaß war für den Bühnenautor Schiller nicht interessant, denn das Mittelmaß ist nicht dramentauglich.«

Ebenso wenig konnte die deutsche Romantik mit der Mäßigung etwas anfangen – sie strebte danach, die Lei-denschaften voll auszuschöpfen. In den 1830er-Jahren spotteten die Dichter des »Jungen Deutschland«, darun-ter die im Pariser Exil lebenden Ludwig Börne und Hein-rich Heine, über das *juste milieu.* Für sie war Mäßigung, der mittlere Weg zwischen den Extremen, nichts anderes als lauwarme Gesinnung. Friedrich Nietzsche schließlich huldigte dem Übermenschen mit dem Willen zur Macht, der alle Kategorien des Mittelmaßes durchbricht. Für die-sen Übermenschen gelten die normalen moralischen Maß-stäbe der Gesellschaft nicht mehr. Für Nietzsche erweist sich die Mäßigung nicht mehr als Tugend, sondern als Fessel. »Die Tendenz der Herde ist auf Stillstand und Er-haltung gerichtet, es ist nichts Schaffendes in ihr«, klagt er. Seinen Zarathustra lässt er über die Mittelmäßigen mit Verachtung sprechen: »Ich gehe durch dies Volk und halte meine Augen offen: Sie vergeben mir es nicht, dass ich auf ihre Tugenden nicht neidisch bin. Sie beißen nach mir, weil ich zu ihnen sage: Für kleine Leute sind kleine

Tugenden nötig – und weil es mir hart eingeht, dass kleine Leute *nötig* sind! [...] ›Wir setzten unsern Stuhl in die
Mitte‹ – das sagt mir ihr Schmunzeln – und ebenso weit
weg von sterbenden Fechtern wie von vergnügten Säuen.
Dies aber ist – *Mittelmäßigkeit:* ob es schon Mäßigkeit
heißt.«

Aber selbst Nietzsche erkannte, jenseits der Mittel-
maßverachtung im *Zarathustra,* dass ohne Mittelmaß der
Maßstab für das Außergewöhnliche verloren gehen würde. Im *Antichrist* schrieb er: »Eine hohe Kultur ist eine
Pyramide: Sie kann nur auf einem breiten Boden stehn,
sie hat zuallererst eine stark und gesund konsolidierte
Mittelmäßigkeit zur Voraussetzung. Das Handwerk, der
Handel, der Ackerbau, die *Wissenschaft,* der größte Teil
der Kunst, der ganze Inbegriff der *Beruf*stätigkeit mit einem Wort, verträgt sich durchaus nur mit einem Mittelmaß im Können und Begehren [...]. Für den Mittelmäßigen ist Mittelmäßigsein ein Glück.«

Ziel der Kritik am Mittelmaß ist die bürgerliche Gesellschaft, die im (Zerr-)Bild des Spießbürgers Gestalt an-
nimmt. Die deutschen Schriftsteller Ludwig Eichrodt und
Adolf Kußmaul erfanden für die Zeitschrift *Fliegende
Blätter* in der Mitte des 19. Jahrhunderts den schwäbi-
schen Dorflehrer Gottlieb Biedermaier, dem »seine kleine Stube, sein enger Garten, sein unansehnlicher Flecken
und das dürftige Los eines verachteten Dorfschulmeis-
ters zu irdischer Glückseligkeit verhelfen.« Das war, po-

lemisch formuliert und verächtlich ausgespien, die Verhöhnung des Mittelmaßes.

Etwas freundlicher betrachtet Jean Paul in seiner Erzählung *Leben des vergnügten Schulmeisterlein Maria Wutz in Auenthal* mit dem Untertitel *Eine Art Idylle* das Leben seines Helden: »Wie war dein Leben und Sterben so sanft und meerstille, du vergnügtes Schulmeisterlein Wutz!«, so der erste Satz in milder Ironie. War das nicht letztlich ungerecht? Schließlich blieb es den Dorfschulmeistern überlassen, den Bauernkindern eine zumindest rudimentäre Bildung zu vermitteln – Lesen, Schreiben, Rechnen, Religion und ein bisschen Naturwissenschaft. Sie spielten also, bei aller berechtigten Kritik an ihrer rabiaten Pädagogik und ihrer Obrigkeitshörigkeit, eine wichtige Rolle bei der Entstehung einer Wissensgesellschaft. Viele »kleine Dorflehrer« leisteten ihren Beitrag zur Alphabetisierung der Bevölkerung; und auch wenn keiner von ihnen brillant war, entwickelte sich doch die Gesellschaft als Ganzes durch ihr Wirken weiter.

Der arme Gottlieb Biedermaier lieh einer ganzen Epoche seinen Namen, dem Biedermeier. Die von den Anstrengungen der Befreiungskriege und den Beklemmungen der darauf folgenden Restauration erschöpften Bürger zogen sich ins Private zurück. Sie pflegten Hausmusik, trafen sich zum Kaffeekränzchen und ergötzten sich an idyllischen Genrebildern – ein Stillleben im Mittelmaß. Die Zeichnungen und Bilder Carl Spitzwegs, etwa der berühmte *Arme Poet,* prägen bis heute unser Bild der Biedermeierjahre. Doch unter der Putzigkeit brodelte es offenbar, denn die Epoche mündete in die bürgerliche Revolution des Jahres 1848. Ihre Träger waren nicht allein die Radikaldemokraten des Vormärz, sondern eben auch die auf Mäßigkeit und Ausgleich bedachten Bürger, die von den Radikalen als Spießbürger verspottet worden waren. Sie werden von den Fürsprechern des Radikalen auch für das Scheitern der Revolution verantwortlich gemacht. Bereits der Begriff »Spießbürger« spiegelt die Ambivalenz der Bewertung. Ursprünglich bezeichnete er jene tapferen Bürger innerhalb der Stadtmauern, die – mit Spießen bewaffnet – ihre Stadt vor angreifenden Söldnerheeren verteidigten. Das Abwertende, das heute mit dem Wort verbunden ist, entstand erst, als die adligen Heerführer die schlecht bewaffneten Städter verächtlich machen wollten. Heute will keiner mehr ein Spießbürger – oder kurz: ein Spießer – sein.

Sturm und Drang, Romantik, Vormärz – sie lehnten das Mittelmaß aus antibürgerlichem Ressentiment ab. Wer sich als fortschrittlich empfand, konnte dem Mittelmaß nichts abgewinnen. Noch Anfang des 20. Jahrhunderts schreibt Robert Musil in seinem Roman *Der Mann ohne Eigenschaften* (dessen Titel schon Distanz zum Mittelmaß ausdrückt): »Nur das Geniale ist erträglich und die Durchschnittsmenschen müssen gepresst werden, damit sie es hervorbringen oder gelten lassen!« »Gepresst werden« – damit wird bereits die Saat des Totalitären gelegt, die das Mittelmaß nicht erlaubt und im Namen des Außergewöhnlichen das Recht auf Unterdrückung der Mittelmäßigen formuliert.

Doch auch die Bürger selbst strebten nach Höherem. Sie suchten nach einer Möglichkeit, ihre Bürgerlichkeit mit dem Außergewöhnlichen zu verbinden, und fanden sie in der Stilisierung des Heroischen. Die Heldengeschichten der deutschen Historie, die der Politikwissenschaftler Herfried Münkler in seinem Buch *Die Deutschen und ihre Mythen* beschreibt – vom Nibelungenlied bis zu Arminius dem Cherusker –, wurden nahezu alle erst im 19. Jahrhundert zum politischen Mythos verdichtet. Das Erhabene und Heldenhafte ließ sich politisch besser ausbeuten als das Mittelmaß. Das ist im Übrigen auch der Grund, warum die durch und durch mittelmäßigen kommunistischen Gesellschaften Osteuropas im 20. Jahrhundert so dringend auf die ideologische Mythifizierung von Arbeiterhelden angewiesen waren. Nicht minder pflegte der Nationalsozialismus das Bild des heroischen germanischen Tatmenschen, der das Mittelmaß verachtet, weil er zu ganz Großem berufen ist.

Das Mittelmaß und die alte Bundesrepublik

Nationalbewegung, Kaiserreich, Nationalsozialismus, kommunistische Diktatur – sie alle lehnten das Mittelmaß ab, obwohl die meisten ihrer Repräsentanten von schlechter Mittelmäßigkeit durchdrungen waren. Auch die alte Bundesrepublik nach dem Absturz Deutschlands aus dem Größenwahn richtete sich erfolgreich im Mittelmaß ein. Der Schriftsteller Hans Magnus Enzensberger resümierte 1988 in seinem Essay *Mittelmaß und Wahnsinn:* »Kritische Köpfe pflegen das Mittelmaß im Ton der Erbitterung auszusprechen, als drücke es die letzte Stufe der Verdammnis aus. Im Vergleich dazu wirken Prädikate wie abscheulich, verheerend, grauenvoll fast wie Auszeichnung. Die Mediokrität ist das Allerletzte. Verächtlicher kann ein Urteil nicht ausfallen.« Er konstatiert in der Bundesrepublik der 1980er-Jahre eine »Kultur des Mittelmaßes«, die für ihn zugleich – ungeachtet der ironischen Distanz – einer der Gründe für den Erfolg der Bonner Republik ist. Das Land drückte sein Selbstverständnis in seiner Machtzentrale aus, dem Bundeskanzleramt in Bonn, das sein Bewohner Helmut Schmidt einmal mit einer rheinischen Sparkassenzentrale verglich. Die neue Bundesrepublik nach der Wiedervereinigung leistet sich hingegen ein Kanzleramt, das wie ein Raumschiff auf einer Wiese mitten in Berlin gelandet ist.

War die alte, mittelmäßige Bundesrepublik wirklich so schlimm? Das demokratische System funktionierte, die Wirtschaft florierte im Großen und Ganzen, sogar das ökologische Bewusstsein wuchs, wie die Erfolge der Partei Die Grünen in den 1980er-Jahren zeigten. Schulen und Universitäten strebten nicht nach irgendwelchen Exzellenzprogrammen. Natürlich klagte man über überfüllte Hörsäle und überforderte Professoren. Aber am Ende wurde der Ansturm erfolgreich bewältigt. Heute, 20 Jahre später, sitzen die Absolventen genau jener 1980er-Jahre-Massenuniversitäten in den Führungspositionen der Unternehmen. Genau diese Leute beklagen nun paradoxerweise den Mangel an Eliteausbildung. Entweder handelt es sich dabei um die Einsicht in die eigene Mittelmäßigkeit (was unwahrscheinlich ist) oder es zeigt, dass auch Universitäten des Mittelmaßes ordentliche Führungskräfte hervorbringen können – was die Forderungen nach Eliteförderung relativieren würde.

Es geht nicht darum, eine Vergangenheit zu verklären, die ohne Zweifel große Schwächen hatte. Sehr wohl aber lässt sich an der Bundesrepublik der 1970er- und 1980er-Jahre erkennen, dass Mittelmaß und Mäßigung nicht ein Hindernis, sondern sogar ein Grund für Erfolg in der Welt sein können.

20 Jahre später, in einer Welt, die unablässig Exzellenz fordert, ist diese alte Bonner Republik für viele Menschen zu einem Sehnsuchtsort geworden. So etwas geschieht im Rückblick nur allzu leicht. Sogar die DDR, die ja nicht nur Mittelmaß, sondern auch Mittelmäßigkeit darstellte, erlebt eine ähnliche Verklärung.

Obgleich den meisten Menschen klar ist, dass es kein Zurück in die Bonner Vergangenheit gibt (in die DDR ohnehin nicht), übt das Mittelmaß – und nicht etwa die

Exzellenz – eine hohe Anziehungskraft aus. Darüber zu spotten ist wohlfeil, weil es ignoriert, dass ein System, das das Mittelmaß schätzt, Benthams Forderung nach dem größtmöglichen Glück der größtmöglichen Zahl am nähesten kommt.

Enzensberger beschließt seinen Essay mit der Folgerung: »Mittelmaß und Wahn verhalten sich komplementär zueinander; ihr scheinbarer Gegensatz verbirgt ein tief sitzendes Einverständnis. Ein sozialer Ort, der außerhalb dieser Verwicklung läge, wird sich nicht finden lassen. In mehr oder weniger prekärer Balance, wechselnden Anteilen und oszillierenden Mustern kehrt diese paradoxe Verschlingung in jedem von uns wieder. Viel hält sie nicht von sich, Republik des Mittelmaßes: unheimlich zufrieden und wahnsinnig normal, mir geheuer ist sie nicht.«

Der italienische Schriftsteller Umberto Eco verdichtet diese Ambivalenz sehr anschaulich in seinem Text *Derrick oder Die Leidenschaft für das Mittelmaß* in einer Metapher: der deutschen Krimiserie Derrick. Ihr Erfolg – in Deutschland wie in Italien – liege gerade in der Mittelmäßigkeit ihres Milieus, ihrer Handlung und ihres Hauptdarstellers begründet.

Warum Mittelmaß nicht Mittelmäßigkeit bedeutet

Mitte der 1980er-Jahre entdeckte der neuseeländische Politologe James Flynn bei seinen Forschungen etwas Erstaunliches: Die durchschnittliche Intelligenz, gemessen mithilfe standardisierter Tests – den »Intelligenztests« –, war in den zurückliegenden fünf Jahrzehnten kontinuierlich gestiegen. Psychologen hatten dieses Phänomen bislang offensichtlich übersehen oder weginterpretiert, möglicherweise weil sie es sich nicht ohne Weiteres erklären konnten. Anders Flynn. »Als Nicht-Psychologe wusste ich nicht, was richtig zu sein hatte«, erzählt er in einem Interview. Im Durchschnitt betrug die Steigerung der Intelligenz in den Industrienationen zwischen drei und acht Prozent je Dekade. Die Deutschen zum Beispiel waren in den Jahren zwischen 1954 und 1981 um rund 17 Punkte intelligenter geworden. Rekruten der niederländischen Armee schlugen 1982 die Jahrgänge ihrer Eltern gar um etwa 30 Intelligenzpunkte. »Wer vor 100 Jahren zu den besten zehn Prozent gehört hatte, würde jetzt, bei den gleichen Testaufgaben, zu den dümmsten fünf Prozent gezählt«, fasst die Zeitschrift *Spektrum der Wissenschaft* die Ergebnisse von Flynns Auswertung der Intelligenztests zusammen.

Allerdings sind bei Betrachtung dieses erstaunlichen Phänomens einige Einschränkungen zu beachten. Erstens gibt es zahlreiche Definitionen von Intelligenz. Die meisten beziehen sich auf die Fähigkeit zu abstraktem Denken und drücken dies in einem Intelligenzquotienten aus, der durch bestimmte Tests ermittelt wird. Dabei wird der Durchschnittswert auf 100 festgelegt (das ist übrigens der Grund, warum Psychologen den Flynn-Effekt so lange übersehen haben: Ergab sich eine Abweichung nach oben, wurde der Test »nachjustiert«, also schwieriger gemacht, bis der Mittelwert wieder bei 100 lag). Man geht davon aus, dass Intelligenz normalverteilt ist, es also relativ viele Menschen mit einem Wert von etwa 100 gibt (die meisten zwischen 85 und 115), während nur sehr wenige Genies sind oder geistig völlig minderbemittelt. Dies führt in der Kurvendarstellung zur typischen Glockenform der Gauß'schen Normalverteilung.

Die Feststellung der Intelligenz über Ergebnisse entsprechender Tests muss jedoch nicht nur von Vorteil sein. James Flynn selbst sagt dazu in einem Interview mit der Wochenzeitung *Die Zeit:* »Was haben Hunde und Hasen gemeinsam? Vor 100 Jahren hätten die Menschen gesagt:

Mit Hunden jagt man Hasen – eine unpassende Antwort. Heute sagen sie: Beide sind Säugetiere. Sie finden es selbstverständlich, die Welt in Kategorien einzuteilen, statt sie nach der Nützlichkeit zu beurteilen. Unsere Gedankenwelt hat sich enorm verändert.«

Dies lässt eine gewisse Skepsis gegenüber Intelligenztests als berechtigt erscheinen. Anders ausgedrückt: Der Intelligenzquotient misst die Fähigkeit, bei einem Intelligenztest gut abzuschneiden. Je vertrauter die Teilnehmer mit dem Instrument werden, weil sie ihm im Alltag immer häufiger begegnen, desto besser schneiden sie dabei ab. Darüber hinaus wird in den Tests die Fähigkeit zur Abstraktion höher bewertet als die Fähigkeit, praktische Probleme zu lösen. Das mag unter bestimmten Lebensumständen sinnvoll sein (beispielsweise bei der Diskussion um die richtige Marketingstrategie), in anderen jedoch nicht (etwa beim Überleben im Urwald). Der Begriff der Intelligenz sollte also mit der gebotenen Vorsicht betrachtet werden.

Zweitens liegen den in Intelligenztests ermittelten Werten in der Regel die Ergebnisse junger männlicher Probanden zugrunde. Das hat empirische Gründe, denn am leichtesten lassen sich Massentests an Rekruten und jungen Wehrpflichtigen durchführen; auch die Vergleichszahlen aus früheren Jahren beziehen sich häufig auf diese Bevölkerungsgruppe. Unter Berücksichtigung der möglichen Ursachen für den Flynn-Effekt könnte man sogar vermuten, dass bei Frauen die Steigerung noch eklatanter ausfallen müsste, weil sie in den letzten Jahrzehnten überdurchschnittlich von der Ausweitung der schulischen und universitären Bildung profitiert haben.

Wie lässt sich also der Flynn-Effekt erklären? Dazu existieren zahlreiche Ideen, von denen allerdings viele mit den Fakten nur schwer in Einklang zu bringen sind. Einige Wissenschaftler gehen davon aus, dass die verbesserte Ernährung in den Industriestaaten zur Steigerung der Intelligenz beigetragen hat. Einige wenige führen das Phänomen darauf zurück, dass der Anteil von Bleileitungen für Leitungswasser im Laufe der Jahre gesunken ist (das Schwermetall wirkt sich erwiesenermaßen negativ auf die Intelligenz aus). Die Mehrheit der Wissenschaftler vermutet jedoch, dass die zunehmende Komplexität des Alltags in entwickelten Nationen die Fähigkeit schult, abstrakt zu denken. So werden wir heute etwa viel öfter als früher mit Symbolen konfrontiert – auf Computerbildschirmen, Handys, Elektrogeräteanzeigen –, deren Bedeutung wir verstehen müssen. Das trainiert die für abstraktes Denken zuständigen Gehirnareale.

Auch Dinge, mit denen wir in den vergangenen 50 Jahren wie selbstverständlich umzugehen gelernt haben, beeinflussen unser Abstraktionsvermögen enorm. Dies zeigt eine Studie des Instituts für Wissensmedien in Tübingen. Die Forscher hatten Bauern eines abgelegenen Bergdorfs in Anatolien zum ersten Mal in deren Leben

Filme gezeigt. »Vor allem mit filmtypischen Stilmitteln wie dem Einsatz der subjektiven Kamera oder bestimmten Schnitten hatten die anatolischen Probanden ihre Schwierigkeiten: So konnte keiner von ihnen den Perspektivwechsel in einer Filmszene nachvollziehen, in der zuerst ein Mann zu sehen war, der auf ein Haus zugeht und der anschließend das Innere des Gebäudes aus seinem subjektiven Blickwinkel betrachtet«, schildert Martin Weber in der *Stuttgarter Zeitung* eines der Forschungsergebnisse. »Die Schlussfolgerung: Der für Zuschauer mit Filmroutine völlig logische Zusammenhang zwischen dem Gebäude und der Person lässt sich für Menschen, die keinerlei Erfahrung mit bewegten Bildern haben, schlichtweg nicht herstellen.« Anders ausgedrückt: Selbst Fernsehen, das im Verdacht steht, uns zu verdummen, schult das abstrakte Denken. Es zwingt übrigens auch dazu, sich zweidimensionale Darstellungen, wie etwa die auf einem Bildschirm, dreidimensional vorzustellen. Genau im Hinblick auf diese Fähigkeit war bei den Intelligenztests in den letzten Jahrzehnten eine überdurchschnittliche Steigerung bei den Teilnehmern festzustellen.

Vor allem aber beeinflusste vermutlich das enorm wachsende Bildungsniveau den Anstieg des Intelligenzquotienten. Während noch zu Beginn des 20. Jahrhunderts die Volksschulen elementare Kenntnisse in Lesen, Schreiben und Rechnen vermitteln sollten und ansonsten Respekt vor dem Kaiser und Liebe zum Vaterland, erhielten in den vergangenen 50 Jahren immer mehr Menschen Zugang zu einer Bildung, die abstraktes Denken fördert.

Dieser mögliche Zusammenhang wird von der Beobachtung gestützt, dass der Flynn-Effekt heute noch in den Gesellschaften der Schwellenländer auftritt, wo innerhalb sehr kurzer Zeit sehr viele Menschen in moderne, technisierte Lebensumstände katapultiert werden. In den Industriestaaten hingegen schwächt er sich ab. Thomas Taesdale, Psychologe an der Universität Kopenhagen, behauptet sogar, dass in Dänemark die Intelligenz der Wehrpflichtigen seit Anfang der 1990er-Jahre leicht abgenommen habe.

Noch in einem weiteren Kontext sind die Untersuchungen zur Intelligenz bedeutsam. Eine der hitzigsten und lange mit extremen Positionen besetzten Debatten diesbezüglich dreht sich um die Frage, ob Intelligenz genetisch bestimmt, also angeboren, sei oder durch die Lebensumstände, vor allem die frühkindliche und kindliche Erziehung. Im englischen Sprachraum fasste man dies in dem Wortspiel »nature or nurture?« zusammen, was mit »Natur oder Erziehung?« nur unzureichend übersetzt werden kann.

Heute geht man aufgrund neuer Erkenntnisse davon aus, dass beide Komponenten eine Rolle spielen, wenngleich in unterschiedlichem Ausmaß. Der Wissenschaftsautor Matt Ridley veranschaulicht dies in seinem Buch

Nature via Nurture anhand der Neigung zu Übergewicht. In einem Land, in dem die große Mehrheit der Bevölkerung hungert, spielt die genetische Veranlagung zur Fettleibigkeit keine große Rolle. Fett werden die wenigen, bei denen viel auf den Tisch kommt. Demjenigen, der nichts zu knabbern hat, macht sein Fettgen nicht zu schaffen. Sind aber alle Bürger ausreichend ernährt, werden die Gene entscheidend. Dabei ist es egal, ob sich die Menschen an Angusrind und Ökokartoffeln laben oder auf billige Industrienahrung angewiesen sind. Dieses Phänomen lässt sich derzeit in vielen Schwellenländern wie Mexiko und China beobachten.

Mit der Intelligenz verhält es sich ähnlich: Entscheidend ist, dass Kindern in frühen Jahren ein Mindestmaß – besser ein Mittelmaß (!) – an Bildung und Fürsorge zuteil wird. So wird ihre Intelligenz gefördert. Was darüber hinaus geht – Mozartbeschallung im Mutterleib, Intelligenztraining mit drei Jahren oder Chinesischunterricht für Vierjährige – spielt im Vergleich zur genetischen Disposition keine Rolle mehr. Die damit einhergehende Überprotektion schadet vermutlich sogar eher. Zur Verdeutlichung verweist Ridley auf Zwillingsstudien. Diese zeigen in großer Übereinstimmung, dass rund die Hälfte der Intelligenz auf genetische Faktoren zurückzuführen ist. Ein Viertel wird durch die gemeinsame Umwelt beeinflusst, der Zwillinge ausgesetzt sind (etwa das Elternhaus), rund ein Viertel durch individuelle Umweltfaktoren. Mit zunehmendem Alter der Kinder lässt die Bedeutung der Umwelt nach und die genetischen Faktoren setzen sich durch. Diese Botschaft muss natürlich jene enttäuschen, die hoffen, mittels hervorragender Schulen lauter kleine Genies hervorbringen zu können. Das Argument lässt sich aber auch umkehren. Eliteschulen und Eliteuniversitäten bringen keinen besonderen Zusatznutzen. Überspitzt formuliert: Die Hochintelligenten setzen sich in einer mittelmäßigen Umgebung aufgrund ihrer genetischen Voraussetzungen durch. Die Normalintelligenten jedoch sind auf dieses gute Mittelmaß ihres Umfelds angewiesen, um ihre Talente bestmöglich auszubilden.

Wie unser künftiges Schulsystem aussehen muss

Festzuhalten bleibt, dass die Durchschnittsbevölkerung der Industriestaaten in den vergangenen Jahrzehnten intelligenter geworden ist. Das deutet darauf hin, dass Intelligenz nicht ausschließlich naturgegeben ist, sondern durch die Lebensumstände beeinflusst wird. Diese Steigerung wäre nicht möglich gewesen, wenn nur die jeweils Intelligentesten ihres Jahrgangs ausgewählt und durch Schule, Ausbildung und Universität unterstützt worden wären.

Das überzeugendste Beispiel für die Schwäche eines Systems, das das Mittelmaß vernachlässigt, liefern die USA. In der internationalen Vergleichsstudie *PISA* rangieren sie bei den Leistungen in Mathematik auf dem 35.

Platz aller OECD-Staaten – obwohl es in diesem Land einige der besten Schulen der Welt gibt. Doch dabei handelt es sich um Privatschulen, die sich nur der sehr wohlhabende Teil der Bevölkerung leisten kann. Die *Financial Times Deutschland* bilanziert deshalb in einem Artikel über das amerikanische Bildungssystem: »Die weltbesten Universitäten und ein katastrophales Schulsystem – beides findet sich in den USA. Alle Spitzenplätze werden von amerikanischen Eliteuniversitäten wie Harvard, Stanford und Yale belegt.« Das Blatt zitiert dazu den Bildungsexperten Grover Whitehurst vom Forschungsinstitut Brookings: »Um unsere Universitäten beneidet uns die ganze Welt, aber viele Institutionen in der zweiten und dritten Liga hinken hinterher.«

Whitehurst weist in einem Blogeintrag ebenfalls darauf hin, dass das allgemeine Niveau bei Tests in Rechnen, Schreiben und Naturwissenschaften bei Schülern in Industriestaaten in engem Zusammenhang mit dem wirtschaftlichen Erfolg des Landes steht. Je besser die Mehrheit (!) der Schüler ausgebildet ist, desto höher das Wirtschaftswachstum – was auf jeden Fall bedeutet, dass die Bildungsinstitute weniger Wert auf Selektion der Besten legen sollten als vielmehr auf Förderung des Mittelmaßes.

Eine solche Feststellung sollte unmittelbare Auswirkungen auf den anzustrebenden Aufbau des Bildungssystems haben. Deutlich wird dies beispielsweise in einem Kommentar des Schweizer Journalisten Thomas Isler zum deutschen Schulsystem in der Wochenzeitung *NZZ am Sonntag*. Isler bezieht sich auf eine Volksabstimmung, bei der im Juli 2010 die Mehrheit der Hamburger Bürger eine Schulreform abgelehnt hatte. Der schwarz-grüne Hamburger Senat hatte mit den Stimmen der oppositionellen Sozialdemokraten beschlossen, die Schüler der Stadt sechs statt nur vier Jahre gemeinsam lernen zu lassen, bevor sie sich für das Gymnasium oder eine andere weiterführende Schule entscheiden müssen.

Isler, Gegner dieses Ansatzes, schreibt: »Es geht um Bildung, die kostbarste Ressource im beginnenden 21. Jahrhundert. Die protestierenden Hamburger Eltern verlangen deshalb weiterhin kühn das Maximum. Ein möglichst langes, möglichst elitäres Gymnasium, das aber bitteschön auch künftig allen offen steht, deren Eltern es wünschen. Beides gleichzeitig geht leider immer weniger. Wenn mehr zu Abitur oder Matur drängen, wird der Abschluss bald weniger wert sein (wundersame evolutionsbiologische Sprünge bei der Intelligenz einmal ausgeschlossen).«

Doch genau dies ist der Fall, was Isler mit einer ironischen Klammerbemerkung abtut. Die wundersamen »Sprünge« bei der Intelligenz gibt es wirklich, wenngleich sie nicht auf evolutionsbiologische Gründe zurückzuführen sind. Sie kommen vielmehr eben dadurch zustande, dass immer mehr Schüler zum Abitur drängen. Das Abitur verliert also nicht an Wert, weil es weiter verbreitet ist als früher, sondern es gewinnt genau dadurch *gesell-schaftlich* an Wert. Selbst die Chancen des einzelnen Abiturienten oder Akademikers auf eine angemessene Arbeit müssen in einer Wissensgesellschaft nicht unbedingt sinken, wenn es mehr Abiturienten und Akademiker gibt – es werden nur nicht mehr alle automatisch mit Spitzenpositionen belohnt.

Überspitzt formuliert: 60 Prozent mittelmäßige Abiturienten sind für eine Gesellschaft und für eine Volkswirtschaft mehr wert als drei Prozent Superabiturienten. In einem Interview auf der Webseite der *Frankfurter Allgemeinen Zeitung (FAZ)* sagt die Intelligenzforscherin Elsbeth Stern, Professorin für Lehr-Lern-Forschung an der ETH Zürich: »Für die meisten Anforderungen auch im akademischen Bereich muss man kein Überflieger sein und ein Weniger an Intelligenz kann durch ein Mehr an Fleiß ausgeglichen werden. Um seine Intelligenz nutzen zu können, muss man sie in einen Anforderungsbereich oder in ein Fachgebiet investieren.«

Erwiese sich obiges Argument als überzeugend, würde es begründen, warum das Bildungssystem so offen wie möglich gestaltet sein sollte – und wohin die Ressourcen fließen müssen. Die beliebtesten Gegenargumente lauten:
1. *» Wenn wir die Anforderungen an das Abitur senken, verliert unsere Bildung an Wert.«* Dieses Argument setzt voraus, dass das Abiturniveau gesenkt werden muss, um mehr Schülern das Abitur zu ermöglichen.

Das ist aber keineswegs der Fall. Wie die Studien des Darmstädter Elitenforschers Michael Hartmann zeigen, war der Zugang zum Gymnasium früher zum großen Teil nicht auf überragende Leistungen, sondern auf die Herkunft aus bildungsbürgerlichem Milieu zurückzuführen. Erst die sozialdemokratische Bildungspolitik der 1970er-Jahre öffnete zumindest ansatzweise die höheren Bildungsanstalten. Sie war eine Reaktion auf die sogenannte Bildungskatastrophe – ein Begriff, der unter anderem von Ralf Dahrendorf geprägt worden war. In seinem Buch *Bildung ist Bürgerrecht* hatte Dahrendorf schon 1965 darauf hingewiesen, dass eine Demokratie ein breites Bildungsmittelmaß benötige. Bei der Umgestaltung des Bildungssystems wurde auch das Anforderungsprofil angepasst. Vergleiche von Abiturarbeiten aus den 1950er-Jahren mit solchen aus den letzten zehn Jahren in Fächern wie Geschichte belegen dies. Während früher sehr viel auswendig gelernter Stoff abgefragt wurde, müssen heutige Abiturienten mehr interpretieren und einordnen. Diejenigen, die noch sehr viel auswendig lernen mussten, machen in den neuen Anforderungen einen Niedergang aus. Tatsächlich aber ist auswendig gelerntes Faktenwissen im Internetzeitalter weitgehend überflüssig. Fakten, die man früher mühsam recherchieren musste, können heute jederzeit schnell im World Wide Web ermittelt werden.

Heute kommt es vielmehr darauf an, zu lernen, wie mit der Überfülle und der Unzuverlässigkeit der Internetquellen umzugehen ist. Schule und Universität verlieren dabei ihre Aufgabe als Institutionen, die Faktenwissen an die nachfolgenden Generationen weitergeben. Ihre wichtigste Aufgabe wird künftig sein, Schülern und Studenten das Denken zu lehren. Warum also sollten 60 oder 70 Prozent eines Jahrgangs nicht in der Lage sein, das Denken und den richtigen Umgang mit Quellen zu lernen?

2. » *Wer die Abiturienten- und Studentenquote erhöhen will, verwechselt Bildungspolitik mit Sozialpolitik.* « Nun: Bildungspolitik *ist* Sozialpolitik. Natürlich geht es nicht um einen Etikettenschwindel. So fordert die SPD etwa, das Recht auf mindestens den Hauptschulabschluss gesetzlich festzuschreiben. Sollte dies bedeuten, jedem Hauptschüler beim Schulabgang automatisch einen Abschluss zu verleihen, unabhängig von seiner Leistung, wäre es in der Tat Unsinn. Bedeutete es aber, durch hervorragende Hauptschulen mit guter Betreuung die Zahl derjenigen zu senken, die ohne Abschluss die Hauptschule verlassen, wäre dies ein großer gesellschaftlicher Gewinn (sofern man grundsätzlich an der Hauptschule festhalten will). Gleiches gilt für das Abitur und den akademischen Abschluss. Bildungspolitik ist Sozialpolitik im besten Sinn, weil Bildung jene Talente zur Entfaltung bringt,

die in einem selektiveren System keine Chance hätten. Wie die Autoren der *PISA*-Studien nachgewiesen haben, gibt es kaum ein Bildungssystem in den OECD-Staaten, bei dem der soziale Status der Eltern so entscheidend für den Bildungserfolg der Kinder ist wie in Deutschland. In Deutschland ist ein Gymnasium, das nur von zehn, 20 oder 30 Prozent eines Jahrgangs besucht wird, keine Auswahl der Besten, sondern eine, die im Wesentlichen den Status der Eltern widerspiegelt.

3. *» Mehr Abiturienten vergrößern nur die Konkurrenz untereinander.«* Dieses Argument wird häufig nicht ausgesprochen und hinter Befürchtungen um das Niveau von Abitur und Hochschulabschluss versteckt. Viele bürgerliche Eltern verteidigen das Privileg des Gymnasiums, weil sie ihren Kindern mit dem Abitur einen Wettbewerbsvorteil verschaffen wollen. Dieses Verhalten ist aus Sicht der Eltern verständlich, verpflichtet die Gesellschaft aber nicht, ihm zu folgen. Im Gegenteil: Wettbewerb ist das Wesen unseres Gesellschaftssystems. Es gibt keinen Grund, ausgerechnet Bürgersöhne und -töchter davor zu schützen. Zudem – viel wichtiger! – verkennt dieses Argument das Wesen von Bildung und Ausbildung in einer Gesellschaft. Bildung ist kein Nullsummenspiel, bei dem die einen abgeben müssen, was die anderen hinzugewinnen. Ein breites Bildungsniveau der Gesamt-

bevölkerung – ein breites Mittelmaß also – stellt in hoch entwickelten Industriegesellschaften eine Win-win-Situation dar, das heißt, alle Beteiligten profitieren davon.

Das »Drama der Hochbegabten«?

Ein weiteres, in der bundesdeutschen Bildungsdebatte häufig angeführtes Argument wird in den Medien gerne in zugespitzter Form unter Überschriften wie »Drama eines Hochbegabten« oder »Leidensweg einer Hochbegabten« präsentiert. Dabei geht es stets um Kinder, die in der Schule durch schlechte Leistungen und Langeweile aufgefallen sind und nach Ansicht ihrer Lehrer in die Haupt- oder Sonderschule geschickt werden sollten, in Einzelfällen sogar zu einem Psychologen. Dann aber lassen die verzweifelten Eltern einen Intelligenztest machen, in dem ein Intelligenzquotient von 145 festgestellt wird. Das Kind kommt in eine private Hochbegabtenschule, meistert Einsteins Relativitätstheorie mit links und beschäftigt sich in seiner Freizeit in einer Diskussionsgruppe aus gleich gesinnten Hochbegabten mit Heideggers Philosophie.

Solche Schicksale mag es wirklich geben, doch ein Massenphänomen sind sie nicht. Wissenschaftler schätzen den Anteil der Hochbegabten auf zwei bis drei Prozent der Bevölkerung. Wie viele davon einen Leidensweg durchlaufen und wie viele einfach ganz normale überdurchschnittlich gute Schüler an ganz normalen Schulen sind, lässt sich nicht mit Sicherheit sagen. Eine der wenigen empirischen Studien, die zum Thema »Hochbegabung« in der Bundesrepublik durchgeführt worden sind, kommt jedenfalls zu dem Schluss, dass das Problem übertrieben werde. Eine Marburger Forschergruppe unter der Leitung des Psychologieprofessors Detlef Rost stellte fest, dass sich Hochbegabte in der Regel durch »Freude am Lernen, Wissbegierde und eine positive Arbeitshaltung« auszeichneten und nicht durch demonstrative Langeweile und schlechte Noten. Lediglich 15 Prozent fielen tatsächlich wegen schlechter Zensuren auf. »Zusammenfassend können damit die Hochbegabten als im Schulsystem gut integriert und schulisch erfolgreich sowie sozial unauffällig, psychisch besonders stabil und selbstbewusst charakterisiert werden. Berücksichtigt man dazu noch die vergleichbaren Befunde des Marburger Hochbegabtenprojekts im Grundschulalter, lassen sich die in der (vorwiegend nicht empirischen) Literatur immer wieder herausgestellten besonderen psychosozialen Probleme Hochbegabter als schlichte Vorurteile entlarven«, lautet das Fazit der Untersuchung. Oder anders ausgedrückt: Eine Umgebung des Mittelmaßes ist für die meisten Hochbegabten kein Problem.

Bemerkenswert ist in diesem Kontext auch, wie die plakative Berichterstattung über hochbegabte Kinder in verschiedenen sozialen Schichten wahrgenommen wird.

Schreibt ein Kind in der Schule schlechte Noten und klagt über Langeweile, führen Eltern aus sogenannten bildungsfernen Familien dies auf Überforderung oder Faulheit des Kindes zurück – falls es sie überhaupt interessiert. Dagegen vermuten viele besser gestellte Akademikereltern sogleich eine noch nicht entdeckte Hochbegabung – selbst dann, wenn die Tochter oder der Sohn schlichtweg überfordert oder faul ist.

Wohlgemerkt: Es geht nicht darum, eine eventuell vorhandene Hochbegabung zu leugnen oder die Probleme zu ignorieren, mit denen einzelne hochbegabte Schüler tatsächlich konfrontiert sind. Es geht – wie immer in einem demokratischen Staat – um die Verteilung der Ressourcen. Soll die Bildungspolitik ihre begrenzten Mittel auf die Förderung der Besten konzentrieren oder sich bemühen, möglichst gute Schulen für den Durchschnitt anzubieten? Der letztgenannte Ansatz beinhaltet auch flexible Modelle, die den wenigen Hochbegabten Chancen eröffnen, etwa indem sie in einer normalen Schule in allen oder einigen Fächern eine Klassenstufe überspringen. Generell dürfte es hochbegabten Schülern sogar zugutekommen, mit normal begabten Kameraden zusammen zu lernen – schließlich werden sie im späteren Leben ebenso häufig mit Mittelmaß konfrontiert werden. Hochbegabte, die nicht gelernt haben, die vielleicht langsamere und weniger brillante Auffassungsgabe ihrer Mitmenschen zu berücksichtigen, drohen im Alltag ohnehin zu scheitern.

Das zeigen auch Studien, nach denen überdurchschnittlich intelligente Menschen im beruflichen Alltag in vielen Fällen versagen, nicht zuletzt, weil ihnen Geduld und Fingerspitzengefühl im Umgang mit der Mehrheit der weniger Klugen fehlen.

In der Diskussion über Bildungs- und Schulpolitik wird oft argumentiert, zu viele mittelmäßige Schüler in einer Klasse hinderten die vorwärtsstürmenden Leistungsstarken und Hochbegabten am Lernen. Bildungspolitisch ist dieses Argument von enormer Bedeutung, weil es gegen eine verlängerte Grundschule angeführt wird, in der Schüler bis zur sechsten oder achten Klasse gemeinsam unterrichtet werden. Letztlich ist an diesem Argument die bereits erwähnte Schulreform in Hamburg im Sommer 2010 gescheitert.

Entkräftet wird das Argument aber zum einen durch die genannten Erkenntnisse zu den genetischen Grundlagen von Intelligenz. Darüber hinaus zeigen pädagogische Studien, dass eine gemischte Lerngruppe aus leistungsstarken und leistungsschwächeren Schülern beiden Seiten zugutekommt. »Homogene und heterogene Gruppen unterscheiden sich nicht in ihren durchschnittlichen Lernleistungen. Die These vom Leistungsvorteil homogener Gruppen ist empirisch nicht begründbar. Das Fähigkeitsgefälle allein ist keine durchschlagende Einflussvariable für die Leistungsentwicklung von Schülern aller Begabungsgrade«, fasst der Pädagogikprofessor Hans

Wocken den aktuellen Forschungsstand zusammen. Das Mittelmaß, nicht die Spitzenleistung, wäre die angemessene Bezugsgröße für ein effektives Bildungssystem – weil das Mittelmaß die leistungsstarken Schüler nicht diskriminiert, die weniger leistungsstarken Schüler dagegen herausfordert und fördert.

Wie viel Elite braucht eine Gesellschaft?

Vor rund zehn Jahren sah man in einer Zeitungsanzeige der Initiative Neue Soziale Marktwirtschaft einen jungen Mann lässig und barfüßig an einem Schwimmbeckenrand sitzen. Er lächelte den Betrachter an und verkündete: »Chancen für alle«. Bei dem jungen Mann handelte es sich um Friedrich von Bohlen, einen Spross der Krupp-Familie. Er hatte gut lächeln, weil Angehörige des deutschen Großbürgertums wie er keine Probleme haben, ihre Chancen zu ergreifen und in die Funktionselite der Bundesrepublik aufzusteigen. Denn anders, als es ihre Angehörigen selbst glauben, hat es die Elite der deutschen Wirtschaft nicht allein durch Leistung an die Spitze geschafft.

In diesem Zusammenhang hat der Elitenforscher Michael Hartmann von der Universität Darmstadt die Karrierewege von Juristen, Ingenieuren und Wirtschaftswissenschaftlern aus den vier Promotionsjahrgängen 1955,

1965, 1975 sowie 1985 untersucht. Das Ergebnis: Unter den Erfolgreichen sind Angehörige des gehobenen Bürgertums und des Großbürgertums weit überrepräsentiert. Zu diesen Gruppen gehören lediglich drei Prozent der Bevölkerung, sie stellen also eine sehr kleine Schicht dar. Ihre Chance, in Spitzenpositionen der Wirtschaft aufzusteigen, ist aber 50 Prozent größer als die der restlichen 97 Prozent. Für Angehörige des Großbürgertums, zu dem Hartmann nur rund ein halbes Prozent der Deutschen rechnet, steigt die Chance sogar auf das Doppelte. Der Nachwuchs leitender Angestellter schaffte es rund zehnmal so oft in die Spitzenetagen wie Söhne aus Arbeiterfamilien, von deren Töchtern ganz zu schweigen.

Die Ergebnisse seiner Studie sind für Hartmann nicht zuletzt deshalb so erschreckend, weil doch gerade der Doktortitel in besonders hohem Maß als Ausdruck persönlichen Leistungswillens gilt. Hartmann spricht von der »wichtigsten meritokratischen Einflussvariablen«. Es deute sogar vieles darauf hin, dass Akademiker aus bildungsfernen Familien noch fleißiger und begabter sein müssten als ihre Mitpromovenden aus großbürgerlichen Familien, weil sie größere Widerstände zu überwinden hätten. Umso ernüchternder nimmt sich die Schlussfolgerung des Soziologen aus: »Selbst durch den Erwerb des höchsten Bildungstitels ist es nicht möglich, das Handicap einer nichtbürgerlichen Herkunft auch nur annähernd auszugleichen.«

Die soziale Auslese der Wirtschaftselite ist im Lauf der Jahre sogar noch selektiver geworden. Der Anteil von Bürgersöhnen an der Gruppe derer, die es bis nach ganz oben geschafft haben, lag im Promotionsjahrgang 1985 höher als im Jahrgang 1955. Umso bemerkenswerter ist dies, als die untersuchten Promovenden insgesamt schon einen Selektionsprozess durchlaufen haben: Überproportional oft gehören sie ebenjenem gehobenen Bürgertum an, zu dem etwa Angehörige der freien Berufe zählen – Architekten, Ärzte, Rechtsanwälte – sowie hohe Beamte und Führungskräfte der Wirtschaft, etwa Geschäftsführer und Eigentümer großer Unternehmen.

Dies steht in auffallendem Kontrast dazu, dass die Protagonisten selbst nie zugeben würden, dass die sich als Leistungsgesellschaft verstehende Marktwirtschaft ihre Eliten nicht ausschließlich nach dem Prinzip der Bestenauswahl rekrutiert. Alle von Hartmann dazu befragten Vorstandsmitglieder und Geschäftsführer betonten, ihren Erfolg der eigenen Leistung und einer überdurchschnittlichen Leistungsbereitschaft zu verdanken. Dieses irrige Selbstbild ist menschlich verständlich, da der Mythos der offenen Vorstandsetagen, in die jeder hineinmarschieren kann, der nur fleißig und entschlossen genug ist, wesentlich das Image der Leistungsgesellschaft bestimmt. Anders als in Adelsgesellschaften ist man deshalb in der Regel nicht auf seine Abstammung stolz, sondern darauf, was man selbst auf die Beine gestellt hat.

Der Inzest der Eliten

Hartmanns Forschungsergebnisse werfen in gesellschaftlicher Hinsicht einige Fragen auf: Was würden jene eifrigen Studenten sagen, deren Eltern nicht zu den glücklichen drei Prozent gehören, wenn sie erführen, dass für ihre Karrierechancen nicht Fleiß, Noten und das hart erarbeitete Auslandssemester, sondern Beruf und Stellung des Vaters ausschlaggebend sind? Würden sie ihre Ratgeberlektüre für den sozialen Aufstieg in die Ecke schmeißen und resignieren? Das wäre fatal, denn der Glaube an die Leistungsgesellschaft ist ja die Grundlage dafür, dass die weniger Privilegierten ihr Engagement auf das eigene Fortkommen richten – was der Gesellschaft durchaus nützt, weil dieses Verhalten für ein leistungsorientiertes mittleres Management sorgt und für junge Leute, die viel Kraft und Energie in ihre Bildung und ihren Beruf investieren. Es schafft jenes Mittelmaß und jenen Mittelstand, von denen die ganze Gesellschaft profitiert – einschließlich ihrer Eliten.

Das heißt nun keineswegs, dass das System gerecht wäre. Noch wesentlich nutzbringender wäre es, wenn die Auswahl der Spitzenkräfte weniger oder gar nicht von der sozialen Herkunft bestimmt wäre. Der »Inzest der Eliten« vergrößert nämlich – ähnlich wie in der Natur – die Gefahr degenerativer Schäden. Neue Sichtweisen, ungewöhnliche Ideen, nichtkonforme Perspektiven bleiben dadurch außen vor. Um dem entgegenzuwirken und die Offenheit des Systems zu erhöhen, bräuchte es ein entsprechendes Bildungssystem.

Ein Kritikpunkt an Hartmanns Untersuchungen ist, dass sie sich auf den Aufstieg innerhalb einer Generation beschränken. Erforderlich wären jedoch Langzeitstudien, die auch mithilfe biografischen Materials den gesellschaftlichen Aufstieg über mehrere Generationen hinweg verfolgen und dabei gleichsam Buddenbrook'sche Familiengeschichten nachzeichnen: Aufstieg und Fall – ähnlich wie Historiker die Rolle des evangelischen Pfarrhauses von der Reformation bis in die Mitte des 20. Jahrhunderts für einen gesellschaftlichen Aufstieg aufgezeigt haben. Der katholische Klerus erwies sich übrigens als gesellschaftlich wesentlich konservierender, weil die Akademisierung und Bildungskarriere einer Familie im ersten Glied abbrach. Überspitzt formuliert: Das evangelische Pfarrhaus war der Maßstab des Mittelmaßes.

Hartmanns Studien beweisen, wie schwer es für ein Arbeiterkind ist, in den Vorstand eines Dax-Konzerns aufzusteigen. Daraus zieht der Soziologe jedoch einen allzu pessimistischen Schluss, indem er ignoriert, dass für jemanden aus sozial schwierigen Verhältnissen bereits eine gesicherte bürgerliche Existenz einen Aufstieg darstellt: Von hier aus fällt der weitere Aufstieg in das gehobene Bürgertum erheblich leichter. Auch daran zeigt sich, wie wichtig ein Mittelmaß – und dementsprechend eine Mittelschicht – ist.

Um einem Missverständnis vorzubeugen: Hartmanns Erkenntnisse belegen nicht, dass die Elitenrekrutierung durch allgemeinen Klüngel erfolgt. Üblicherweise schaufeln also nicht die Vorstandschefs für den faulen und tumben Sohn eines Kollegen mal eben einen Posten frei. Solche Fälle mögen vorkommen, aber sie sind selten, da sich kaum eine moderne Organisation auf Dauer übermäßig viele inkompetente Führungskräfte leisten kann. Deshalb können Top-Führungskräfte auf die Frage, wie sie es an die Spitze geschafft haben, meistens ehrlich antworten: durch Leistung. Sie haben in vielen Fällen tatsächlich hart gearbeitet und gute Noten erzielt. Beides ist, daran zweifeln auch die Untersuchungen nicht, Voraussetzung für den Aufstieg, jedenfalls solange man nicht von einem ererbten Millionenvermögen leben kann. Ausschlaggebend allerdings sind weitere Faktoren, die eng mit der sozialen Herkunft zusammenhängen. Hartmann spricht hier vom »Habitus«. Dazu gehört die Souveränität im Umgang mit jenen Codes, die denen zur Verständigung dienen, die bereits zur Spitze zählen, zum Beispiel Kleidung, Auftreten und Bildung. Beispielsweise fragte ein Spitzenmanager eines Automobilkonzerns die Kandidaten für Führungsposten gerne über Opern aus. Zwar kann sich auch jemand, der aus Arbeiter- oder kleinbürgerlichen Verhältnissen stammt, dieses Wissen aneignen – ihm fehlt aber der souveräne Umgang mit diesen Kenntnissen, der durch das Aufwachsen mit bürgerlichem Bildungsgut geprägt ist. »Wirkliche Souveränität weist in der Regel nur derjenige auf, dem das Milieu von Kindesbeinen an vertraut ist. Das gilt für den Kölner Karneval, aber eben auch für die Vorstandsetagen von Großunternehmen«, so der Soziologe. Daraus könnte man auch den Schluss ziehen: Ein Aufstieg in die Elite über Bildung ist möglich. Er dauert eben nur zwei oder drei Generationen – denn mit jeder Generation steigt die Chance, sich genau diesen bürgerlichen Habitus anzueignen.

Nebenbei bemerkt: Gerät ein Unternehmen in Schieflage, schlägt die Stunde der Parvenüs. In dem Moment, in dem ohnehin alles zu spät zu sein scheint, dürfen die ruppigen Sanierer ohne Manieren eingreifen. Ihre Schwäche wird dann zur Stärke, da sie weniger Rücksicht nehmen müssen auf die Interessen ihrer Klasse (und Klassenkameraden) und es somit leichter haben, harte Schnitte – also die Drecksarbeit – zu machen.

Vereinzelte Erfolgsgeschichten können dieses generelle Muster nicht durchbrechen. Der Trend wird sich sogar noch verschärfen, weil sich das Anforderungsprofil verlagert: weg von der Fachkompetenz, die man mit Fleiß und Disziplin leichter erwerben kann, in Richtung sozialer Kompetenz sowie Kommunikations- und Führungsfähigkeit – Eigenschaften, die eher in »gutem Hause« vermittelt werden. Wer von Jugend an erlebt, wie Macht und Führung ausgeübt werden, wird später davon überzeugt sein, selbst zum Führen geboren zu sein. Hinzu kommt, dass die Risikobereitschaft bei Menschen aus gesicherten finanziellen Verhältnissen zunimmt. Sie wissen, dass sie im schlimmsten Fall in der Regel von ihrer Familie finanziell aufgefangen werden.

Wo Elite lernt

Die Journalistin Julia Friedrichs hat für ihren Bestseller *Gestatten: Elite* die Elitebildungsstätten Deutschlands besucht und mit Schülern und Studenten privater Hochschulen, Elitestudiengänge und Internate gesprochen. Sie traf dabei arrogante Schnösel reicher Eltern, aber auch verantwortungsvolle, höfliche und nachdenkliche junge Menschen. Die Öffentlichkeit macht sich ja von den Angehörigen der Elite ein bestimmtes Bild: hochnäsige, eitle, rücksichtslose Egoisten. Auf solche Eigenschaften trifft man allerdings auch außerhalb elitärer Kreise – und wenn nicht auf diese, dann andere, nicht minder unangenehme. Darum geht es also nicht. Als viel wichtiger erweist sich, was Friedrichs in ihrem Fazit so formuliert: »Je früher die Einteilung in Elite und Masse erfolgt, desto absurder wird das Gerede von den Besten, Fleißigsten, Klügsten. Denn eigene Leistungen, nicht Noten oder Testergebnisse, sondern wirkliche Leistungen, die der Gesellschaft genützt haben, können die 20-Jährigen logischerweise noch nicht vorweisen. ›Leistung‹ heißt in den meisten Fällen, dass die Schüler oder Studenten besonders fleißig, besonders ehrgeizig, vielleicht auch besonders angepasst waren.«

Wie sinnvoll ist es also, Institutionen zu schaffen, bei denen die Trennung zwischen denen, die sich der Elite zugehörig fühlen, und denen, die der Masse – dem Mittelmaß – zugerechnet werden, so früh erfolgt? Die Eliten hängen ja viel mehr von den Mittelmäßigen ab, als sie zugeben wollen. Fast alle jungen Menschen, die von der Autorin interviewt wurden, wollten später einmal »Menschen führen«. Selbst wenn sie also wirklich so brillant wären, wie sie angeben zu sein, müssten sie lernen, die Mittelmäßigkeit der anderen zu berücksichtigen. Wobei die Recherchen von Friedrichs nahelegen, dass die angeblichen Eliten selbst nicht mehr als mittelmäßig sind – zumindest was ihre schulischen Leistungen angeht, wie einige Schüler, etwa des Internats Neubeuern, zugaben. Mit dem Geld der Eltern kaufen sie sich lediglich einen Vorsprung im Kampf um gesellschaftlichen Erfolg.

Das ist in Deutschland nicht anders als in den USA, wie der amerikanische Journalist Daniel Golden in seinem Buch *The Price of Admission. How Americas Ruling Class Buys Its Way into Elite Colleges – and Who Gets Left outside the Gates* belegt. Die deutsche Übersetzung des Buchtitels – *Der Preis für die Zulassung. Wie Amerikas herrschende Klasse sich in die Elite-Universitäten einkauft – und wer draußen vor der Tür bleibt* – zeigt übrigens, dass die englische Sprache in diesem Punkt präziser ist als die deutsche. Das Wort »Elite« wird nur für Institutionen verwandt, etwa das Elitekorps der Armee oder die Eliteuniversität. Wo wir im Deutschen hinsichtlich einer Gruppe von Menschen als »Elite« sprechen, verwenden die Angelsachsen den Begriff »ruling class«, »herrschende Klasse«. Dadurch wird deutlich, dass sich diese Gruppe in erster Linie durch ihren Herrschaftsanspruch definiert und nicht durch ihre Erstklassigkeit.

Die Kärrnerarbeit des Mittelmaßes

Unabhängig davon, wie berechtigt es sein mag, sich selbst zu einer Elite zu zählen – ohne die Mittelmäßigen, die die Kärrnerarbeit erledigen, sind die Eliten (ebenso wie die herrschende Klasse) zum Misserfolg verdammt.

Was lässt sich daraus schließen? Der größte Teil derer, die zur Wirtschaftselite der Bundesrepublik gehören, hat dafür beste finanzielle und gesellschaftliche Voraussetzungen. Und ist daher nicht auf eine öffentlich finanzierte Elitenförderung angewiesen. Das Geld, das die Gesellschaft in eine großzügige Elitenförderung steckt, wäre sinnvoller investiert, wenn es der Ausbildung einer breiten akademischen oder berufsgebildeten Mittelschicht zugutekäme.

Mehr noch: Innerhalb jener Institutionen, die für das Mittelmaß ausbilden, lassen sich sogar die Ausnahmetalente besser entdecken als bei einer frühen Elitenselektion. Denn erst hier erhalten sie die Voraussetzungen, um sich überhaupt durchsetzen zu können. Ausnahmetalente, die aus bildungsfernen und finanziell schlecht gestellten Familien stammen, könnten im Einzelfall zielgerichteter und effizienter durch Stiftungen gefördert werden.

In der Moral gibt es nur Mittelmaß

Wer die Internetseiten von Privatschulen, Internaten und privaten Eliteuniversitäten besucht, stößt oft auf Formulierungen wie »Wir bilden Persönlichkeiten« oder man habe sich der »Charakterbildung« der Schüler und Studenten verschrieben. Die Journalistin Friedrichs wurde bei ihrer Reise zu den Elitebildungsstätten Deutschlands überall mit einem ähnlichen Anspruch konfrontiert. Der ehemalige Leiter des Internats Schloss Salem, Bernhard Bueb, hat in seinem umstrittenen, aber sehr erfolgreichen Buch *Lob der Disziplin* die Charakterbildung durch Erziehung zum Gehorsam betont. Was ist davon zu halten? Stutzig wird man ja nicht zuletzt dann, wenn aus einigen dieser Bildungsstätten, etwa der hessischen Odenwaldschule und dem Benediktinergymnasium Kloster Ettal in Bayern, Fälle von Kindesmissbrauch bekannt werden. Sicherlich: Eine Schule oder höhere Bildungsanstalt hat ihre Aufgabe verfehlt, wenn sie nicht den Anspruch erhebt, durch Pädagogik auf den Charakter ihrer Schüler oder Studenten einwirken zu wollen. Insofern sind Bildungseinrichtungen also auch »moralische Anstalten«. Dabei muss jedoch allen Beteiligten stets bewusst sein, dass der Maßstab für die Charakterbildung das Mittelmaß ist. Der Anspruch, aus seinen Zöglingen ordentliche Menschen machen zu wollen, ist schon verdammt hoch. Wer von sich behauptet, er schaffe es, mit seiner Pädagogik aus einem normalen Menschen eine charakterlich und moralisch überlegene Persönlichkeit zu formen, überschätzt seine Möglichkeiten gewaltig. Mehr noch: Er erreicht das Gegenteil, denn das Gefühl der moralischen und charakterlichen Überlegenheit ist selbst eine Charakterschwäche.

Im christlichen, vor allem im katholischen Selbstverständnis tragen alle Menschen von Geburt an die Last der Erbsünde. Man kann dies als treffende Metapher für die Fehlbarkeit jedes Menschen ansehen. Das Bewusstsein dieser Schwäche, das heißt das Wissen um unsere moralische Mittelmäßigkeit, wäre somit die wichtigste charakterliche Erkenntnis, zu der wir gelangen können. Wenn wir wissen, dass wir uns in moralischen Dingen hin und wieder ganz wacker schlagen, manchmal aber auch tief abstürzen, sind wir zumindest vor Hochmut gefeit. Einen Anspruch darauf, uns deshalb als Elite zu verstehen, erwerben wir damit allerdings nicht.

Das Bewusstsein des eigenen Mittelmaßes in Fragen der Ethik schützt uns außerdem vor moralischem Rigorismus – oder sollte es zumindest. Wenn wir wissen, dass wir nur Mittelmaß erreichen und uns über die Möglichkeit des Scheiterns im Klaren sind, können wir von anderen Menschen nicht moralische Unangreifbarkeit erwarten. Dies spielt insbesondere bei der Beurteilung von Politik und Politikern eine wichtige Rolle.

Warum Politik ohne Mittelmaß scheitern muss

Einer Umfrage des Meinungsforschungsinstituts Forsa zufolge sind 79 Prozent der Deutschen mit der Politik in Deutschland unzufrieden. Ein Teil dieser Unzufriedenheit ist zweifellos auf schwere Fehler der Regierenden zurückzuführen. Erstaunlicherweise bewegt sich allerdings die Zahl der Politikverdrossenen seit Jahren auf mehr oder weniger konstant hohem Niveau – unabhängig davon, ob in Berlin Rot-Grün, Schwarz-Rot oder Schwarz-Gelb regiert.

Nun könnte man natürlich einfach davon ausgehen, dass bislang alle Politiker Dummköpfe und Schurken waren. Hätte man nur endlich die Richtigen, die Edlen, die Weisen, gleichsam die Philosophen aus Platons Philosophenstaat, gefunden und gewählt, würden diese zur allgemeinen Zufriedenheit regieren. Mit dem demokratischen Senator Barack Obama schien im Jahr 2008 eine solche Erlöserfigur im Präsidentschaftswahlkampf der

USA aufzutreten. Seine Kandidatur war bei sehr vielen Menschen – nicht nur in den Vereinigten Staaten – mit enormen Hoffnungen verbunden. Seine Wahlkampfparole von »Change« – Wandel – beförderte die an ihn gerichteten Heilserwartungen noch. Obama versprach nicht weniger, als das politische System der USA zu reformieren und ganz anders Politik zu machen als die meisten seiner Vorgänger. Damit wurde er von einer Welle der Sympathie ins Weiße Haus getragen. Doch schon ein Jahr später war die Popularität des Präsidenten tief gesunken – nahezu auf den Stand seines ungeliebten Vorgängers George W. Bush.

Obama repräsentiert einen messianischen Politikertypus. Das konnte auf Dauer nicht gutgehen. Denn hier tritt ein unauflösbarer Widerspruch zutage, den kein noch so kluger Politiker, kein noch so durchdachtes politisches System auflösen kann: Je mehr die Heilserwartung an die Politik steigt, umso mehr wächst auch die Politikverdrossenheit. Umgekehrt werden die Menschen erst dann wieder zufriedener mit der Politik, wenn sie ihre Erwartungen auf ein realistisches Maß reduzieren. Das vernünftige Maß ist auch hier das Mittelmaß. Natürlich dürfen wir von den Politikern erwarten, dass sie ordentliche Arbeit leisten, das heißt, das Machbare umsetzen, das Vorhersehbare vorhersehen, das Sinnvolle als sinnvoll erkennen. Man darf erwarten, dass sie unbestechlich sind, sich bemühen, persönliche Interessenkonflikte zu vermeiden und ihre Politik transparent zu machen, damit die Öffentlichkeit sie beurteilen kann. Aber wir dürfen dabei die Messlatte nicht so hoch legen, dass sie jeder zwangsläufig reißen wird. Das setzt voraus, dass wir uns des Wesens von Politik bewusst werden.

Politik heißt, das Mittelmaß zu finden

Die Tageszeitung *Financial Times Deutschland* hat vor Kurzem den Führungsstil der deutschen Bundeskanzlerin Angela Merkel mit dem des damaligen Vorstandsvorsitzenden von Nokia, Olli Pekka Kallasvuo, verglichen. Bei beiden konstatierte der Autor ein ähnliches Problem: Merkel wie Kallasvuo müssten endlich einmal »auf den Tisch hauen und das Ruder herumreißen«. Allerdings kann eine Bundeskanzlerin – anders als der Vorstandsvorsitzende eines Unternehmens – nicht »auf den Tisch hauen«. Sie muss, zumal in einem demokratischen Staat, Mehrheiten finden. Nach einem berühmten Diktum des Soziologen Max Weber erweist sich Politik als »starkes langsames Bohren von harten Brettern mit Leidenschaft und Augenmaß«. »Augenmaß« – in diesem Begriff wird das »Maßhalten« bereits angesprochen. Das Mittelmaß zu finden – also jenen Punkt, an dem die berechtigten Interessen aller Beteiligten ausbalanciert sind –, ist nämlich die zentrale Aufgabe von Politik, während in Unternehmen Entscheidungen einfach durchgesetzt werden können. Das ist auch ein Grund, warum viele Unternehmer und Manager aus der Wirtschaft in der Politik scheitern – es sei denn, sie kaufen sich, wie der Italiener Silvio Berlusconi, mit ihrer Medienmacht den ganzen Staat.

In Deutschland wünschen sich die Bürger laut Umfragen, das Land solle von einem Kabinett aus Experten regiert werden. Diese Experten träfen dann qua ihres Expertentums die richtigen Entscheidungen. Politiker hingegen haben nach allgemeiner Überzeugung von den Dingen, über die sie entscheiden, keine Ahnung. Mit großem Misstrauen beobachtet die Öffentlichkeit etwa Kabinettsumbildungen, in deren Verlauf Minister ihre Zuständigkeitsbereiche ändern – schließlich wird auch aus einem Elektriker nicht über Nacht ein Klempner und aus einem Programmierer nicht ohne Weiteres ein Arzt.

Diesen Einschätzungen liegen jedoch zwei Denkfehler zugrunde. Erstens, dass es die Aufgabe von Politikern wäre, fachliche Bewertungen vorzunehmen. Dafür gibt es zuarbeitende Experten und Beamte. Vielmehr müssen Politiker den Prozess der Entscheidung und deren Durchsetzung organisieren. Zweitens, dass es allein *eine* richtige Entscheidung gäbe. Richtig und falsch sind aber keine Kategorien für Politik, wesentlich häufiger geht es um ein »So oder so oder anders«. Bei Politik handelt es sich, um es mit den Worten des Politikwissenschaftlers David Easton zu sagen, um die »autoritative Allokation von Werten«. Das heißt, eine – im Fall der Bundesrepublik demokratisch legitimierte – Instanz muss Werte in Form von

Geld oder Aufmerksamkeit innerhalb der Gesellschaft verteilen. Sie kann dies nur aufgrund von Wertentscheidungen tun – bei denen es eben um die Be-Wertung von Sachverhalten geht –, indem sie miteinander im Konflikt liegende Interessen austariert. Weil sich aber widerstreitende Partikularinteressen schlichtweg nicht miteinander vereinbaren lassen, werden niemals alle Beteiligten zufriedengestellt werden können.

Daher werden auch Volksentscheide die Politikverdrossenheit nicht mindern. Längeres gemeinsames Lernen, Rauchverbot, Bahnhofsumbau – stets geht es um politische, also um Wertentscheidungen, bei denen am Ende unzufriedene Unterlegene zurückbleiben. Und es wird sich immer ein Grund finden, die Legitimität der Volksentscheidung danach anzuzweifeln.

Die von Demoskopen seit Gründung der Bundesrepublik festgestellte wachsende Politikverdrossenheit ist nicht auf immer schlechtere Politiker zurückzuführen. Die Politiker sind vermutlich im Durchschnitt so schlecht oder gut, wie sie es immer waren. Vielmehr sinkt in einer zunehmend egoistischen oder – gemäßigter ausgedrückt – individualistischen Gesellschaft die Bereitschaft, beim Ausgleich der Einzelinteressen zurückzustecken. Hier erweisen sich die Heilserwartungen an die Politik als fatal. Wenn jeder Einzelne die Hoffnung auf Erfüllung seiner Interessen auf einen Politiker oder eine bestimmte politische Konstellation projiziert, ist ein Scheitern unvermeidlich. Selbst ohne einen einzigen handwerklichen Fehler würden also sowohl Obama als auch die schwarz-gelbe Bundesregierung ihre Wähler enttäuschen – ebenso wie jeder andere Politiker.

Dennoch schüren zahlreiche Politiker diese Erwartungshaltung, indem sie eine Allzuständigkeit der Politik postulieren und die Lösbarkeit sämtlicher Probleme versprechen. Das hat etwas Verführerisches, denn natürlich geht von dem messianischen Politikertypus – insbesondere vor einer Wahl – mehr Anziehungskraft aus als von einem Pragmatiker. Aber die Überstrapazierung des Politischen endet stets im Fiasko. Das kann so weit gehen, dass – wie in Frankreich – schließlich der Präsident persönlich für das Versagen der Fußballnationalmannschaft verantwortlich gemacht wird. Und die Lage wird sich vermutlich noch verschärfen: Je mehr sich Politiker dazu gedrängt fühlen, mit einem Heilsversprechen anzutreten, wie Barack Obama und Nicolas Sarkozy, desto öfter werden sie scheitern.

Gelöst werden kann der Konflikt nur, wenn wir alle das Mittelmaß als das eigentliche Ziel von Politik, zumindest in »normalen« Zeiten, akzeptieren. Politiker des Mittelmaßes, das heißt Pragmatiker, mögen keine Superhelden sein, von deren Eingreifen wir die Errettung aus aller Not und allem Elend erwarten dürfen. Aber sie werden uns auch nicht enttäuschen.

Schneller, höher, weiter? Mittelmaß und Sport

Das Motto der Olympischen Spiele – wie jeder anderen sportlichen Großveranstaltung – lautet seit Jahrzehnten: schneller, höher, weiter. Anerkennung als Sportler findet oft nur, wer eine Goldmedaille mit nach Hause bringt oder einen neuen Weltrekord aufstellt. Schon eine Silber- oder Bronzemedaille wird nicht selten mit Enttäuschung quittiert. Als die deutsche Fußballnationalmannschaft von der Weltmeisterschaft in Südafrika als Drittplatzierte zurückkam, ließen viele Spieler die Köpfe hängen und verweigerten den Fans einen Auftritt bei einem öffentlichen Empfang. Begründung: Man sei ja nur Dritter und nicht – wie ersehnt – Weltmeister geworden.

Die erforderlichen Spitzenleistungen schaffen Sportler kaum noch allein durch Trainingsfleiß und Begabung. Im besten Fall müssen sie hoffen, dass ihr jeweiliger Ausstatter die bessere Hochtechnologie aufbieten kann, wie es bis vor Kurzem im Schwimmsport war. Dort sorgten hochmoderne, hautenge Schwimmanzüge mit sehr geringem Strömungswiderstand und verbessertem Auftrieb für zahlreiche neue Weltrekorde. Die körperliche Leistungsfähigkeit war in den Hintergrund getreten.

Wo die Technik nicht mehr ausreicht, hilft oft nur noch Doping. Entsprechende Skandale in der Leichtathletik und im Radsport, besonders bei der Tour de France, machen dies deutlich. Da Spitzensportler Vorbild für andere sind, wirkt sich diese Mentalität auch auf Freizeitsportler aus. Jeder fünfte Breitensportler sei gedopt, so Professor Wilfried Kindermann, Leiter des Instituts für Sport- und Präventivmedizin an der Universität des Saarlandes in Saarbrücken. Nach Expertenschätzungen werden in Deutschland jährlich rund 100 Millionen Euro für illegale Dopingmittel ausgegeben. Bei den Käufern handelt es sich überwiegend um junge Männer, die ihre Muskeln durch Anabolika fördern wollen. Eine Untersuchung im Auftrag des niedersächsischen Innenministeriums und des Bundesinstituts für Sportwissenschaft ergab, dass aber auch rund sechs bis acht Prozent der Jugendlichen bereits Erfahrung mit Dopingmitteln gemacht haben. Dabei dopen nicht nur Bodybuilder; auch zahlreiche Hobbyfußballer und Marathonläufer greifen zunehmend zu leistungssteigernden Substanzen.

Mittelmaß zu sein, ist diesen Freizeitsportlern nicht genug. Sie streben danach, über die Grenzen ihrer durch Alter und Genetik bestimmten Leistungsfähigkeit hinauszugehen. Bei Profisportlern mag der Grund für Doping noch einzusehen sein (was nicht heißt, auch Verständnis dafür haben zu müssen): Sie erhalten nur dann Sponsorengelder und Werbehonorare, wenn sie ganz vorne an der Spitze mitmischen. Betrachtet man Doping als Betrug, bedeutet das: Dopende Spitzensportler betrügen die Öffentlichkeit, um sich einen finanziellen und gesellschaftlichen Vorteil zu verschaffen. Bei Freizeitsportlern entfällt dieses Argument. Wenn sie dopen, betrügen sie nur sich selbst – als würde man bei einem Volksmarathon eine Abkürzung laufen, um auf der Ergebnisliste ein paar Plätze nach vorne zu rutschen.

Was heißt dies im Zusammenhang mit dem Thema »Mittelmaß«? Auch beim Sport müssen wir lernen, das Mittelmaß als Leistung wertzuschätzen. Das heißt nicht, sich nicht mehr anzustrengen. Natürlich sollte sich ein Marathon- oder Halbmarathonläufer, ein Fußballspieler in der Kreisliga oder ein Freizeit-Tennisspieler so sehr ins Zeug legen, wie es ihm möglich ist. Landet er dann trotzdem nur im Mittelfeld, dürfen wir dies nicht als persönliche Niederlage auffassen. Nicht jeder bringt schließlich die genetischen Voraussetzungen für Spitzenleistungen mit. Maßstab ist daher nicht derjenige, der als Erster ins Ziel kommt, sondern die persönliche Bestleistung. Wer sich zum Beispiel bei einem Halbmarathon von einer Zeit von einer Stunde und 56 Minuten auf eine Stunde und 51 Minuten steigert, ist noch immer weit entfernt vom Weltrekord (der für Männer knapp unter einer Stunde und für Frauen bei etwa einer Stunde und sechs Minuten liegt). Er liegt sogar noch deutlich unter den durchschnittlichen Ergebnissen, die die besten Freizeitläufer (etwa 1:15 Stunden) und -läuferinnen (etwa 1:30 Stunden) in normalen Volksläufen erreichen. Aber ist das schlecht? Ein Grund zur Enttäuschung? Ein Grund, sich mithilfe pharmazeutischer Erzeugnisse zu steigern? Natürlich nicht – und die allermeisten, die es über die Ziellinie schaffen, sind sich dessen durchaus bewusst. Doch hier geht es nicht allein um die individuelle Anerkennung von Leistung, sondern auch um die gesellschaftliche Ressourcenverteilung. Wie in der Bildungspolitik im Hinblick auf Schulen und Universitäten ist in Zeiten knapper Kassen zu fragen: Ist das Geld besser angelegt, wenn olympische Spitzenleistungen einiger weniger Topathleten staatlich gefördert werden oder wenn Millionen von Bürgern in den Genuss besserer Freizeitsportmöglichkeiten kommen? So erfreulich Weltrekorde und Olympiasiege sein mögen: Der Gesundheit der Bevölkerung wäre die Unterstützung des Mittelmaßes zuträglicher.

Mittelmaß, Ökologie und Ökonomie – das Geheimnis der Nachhaltigkeit

Mittelmaß und Ökologie – passt das überhaupt zusammen? Müssen wir nicht, wenn es um unsere natürlichen Lebensgrundlagen geht, nach dem Bestmöglichen streben? Ist unserer Umwelt mit Mittelmaß gedient – oder steckt dahinter nicht eine lasche Bequemlichkeit, die sich der Verantwortung entzieht, sobald eine Einschränkung unseres Lebensstandards droht?

Die Antworten hängen davon ab, mit welcher prinzipiellen Einstellung man den Anforderungen der Ökologie begegnet. Möglich sind zwei Haltungen, die beide ihre Berechtigung besitzen, aber zu unterschiedlichen Folgerungen im Hinblick auf das Mittelmaß führen.

Der erste Ansatz betrachtet die Umwelt und ihren Schutz als Gut, das einen Wert an sich darstellt. Danach muss die Umwelt grundsätzlich – um ihrer selbst willen – geschützt und vor Schaden bewahrt werden. Zu einer solchen Haltung mag man aus ethischen oder religiösen

Überzeugungen gelangen, zum Beispiel weil man sich für den Erhalt der Schöpfung einsetzt oder der Natur eine Seele zuspricht. Wer von diesem Ansatz ausgeht, wird mit Mittelmaß in der Ökologie kaum etwas anfangen können. Möglicherweise akzeptiert man aus pragmatischen Gründen in dem einen oder anderen Fall einen Kompromiss – schließlich müssen in einem demokratischen Rechtsstaat Mehrheiten gewonnen und Interessen ausgeglichen werden. Aber es wird sich stets um zähneknirschend hingenommene Abstriche von der Maximallösung handeln.

Der zweite Ansatz kommt wesentlich nüchterner, eigentlich »seelenlos« daher. Er geht davon aus, dass der Schöpfung selbst ihre Zerstörung oder Erhaltung egal ist. Es gibt keine »Seele der Natur«, sondern nur eine Evolution, die all das hervorgebracht hat, was heute unsere Umwelt ist. Verwandelte sich die Erde morgen in das, was sie vor einigen Millionen Jahren war und in einigen Millionen Jahren wieder sein wird, nämlich in einen wüsten Feuerball – dann wäre das eben so. Anhänger dieses Ansatzes mögen zwar zugestehen, dass ein einzelnes Lebewesen Leid empfinden kann. Aber der Natur, dem ökologischen System als Ganzem, ist es gleichgültig, ob der Mensch es schützt oder nicht. In fünf Epochen der Erdgeschichte fiel jeweils ein erheblicher Teil der damaligen Lebewesen dramatischen Umweltveränderungen zum Opfer. So starben vermutlich gegen Ende des Kambriums vor etwa 500 Millionen Jahren 80 Prozent aller Arten aus;

am Ende des Perms vor etwa 250 Millionen Jahren verschwanden 95 Prozent aller Meeresarten und über zwei Drittel aller landlebenden Organismen. Für die aussterbenden Lebewesen dürfte es letztlich egal sein, ob die Ursache ihrer Vernichtung tektonische Plattenverschiebungen, Meteoriteneinschläge, Vulkanausbrüche – oder das Wirken des Menschen sind.

Allerdings ereigneten sich diese erdgeschichtlichen Katastrophen – und hier liegt der Unterschied zu den derzeitigen Umweltveränderungen – in Zeiträumen, die für Menschen nicht vorstellbar sind. Die kaum mehr als zehntausend Jahre menschlicher Zivilisation sind dagegen ein Klacks. Umso erschreckender ist, dass der Mensch innerhalb von knapp 200 Jahren ein bedeutendes Artensterben auslösen konnte. Dennoch: Dem zweiten Ansatz zufolge dient der Schutz der Umwelt dazu, die natürlichen Lebensgrundlagen des Menschen zu erhalten. Zerstört die Menschheit die Natur über die Maßen, begeht sie kollektiven Selbstmord.

Aus dieser Perspektive ist es also durchaus sinnvoll, von einem Mittelmaß in der Ökologie zu sprechen: Der ökologische Kompromiss, die Balance der Interessen, wäre nicht nur ein Zugeständnis, das man wohl oder übel den gesellschaftlichen Umständen zuliebe machen muss. Das Mittelmaß wäre vielmehr die Ideallösung. Technik, Konsum, Mobilität, ein hoher Lebensstandard stünden dann nicht mehr im Widerspruch zu Umwelt- und Tierschutz, sondern Umwelt- und Tierschutz wären die Voraussetzungen für einen hohen Lebensstandard. Diese Sichtweise hat in der Ökologie längst eine eigene, klangvolle Bezeichnung erhalten: »Nachhaltigkeit«.

Leider wird der Begriff heute inflationär gebraucht. Jedes Unternehmen, jede Partei, jede Lobbyorganisation hat sich das »nachhaltige Wachstum« auf die Fahnen geschrieben. Im Jahr 2002 wurde von der damaligen rot-grünen Bundesregierung sogar eine »Nationale Nachhaltigkeitsstrategie« entworfen, die von der schwarz-gelben Bundesregierung weiterverfolgt wird. In vielen Fällen geht es unter dem Etikett »Nachhaltigkeit« aber überhaupt nicht mehr um Ökologie, sondern das Schlagwort ließe sich inzwischen schlicht mit »es soll möglichst lange so weitergehen« übersetzen.

Obwohl – oder vielleicht gerade weil – der Begriff so überstrapaziert wird, sind laut einer Umfrage der Technischen Universität Berlin und der Unternehmensberatung Trommsdorff + Drüner drei Viertel der Deutschen bereit, für »nachhaltige« Produkte mehr Geld auszugeben. Vorausgesetzt, man verlangt ihnen als Verbrauchern nicht zu viel ab und bietet ihnen einen Mehrwert, zum Beispiel eine höhere Lebensmittelqualität. Man mag auf eine solche Einstellung nun frustriert reagieren und sich fragen, ob denn der Menschheit überhaupt noch zu helfen sei – oder man kann gerade diese Ambivalenz als Herausforderung begreifen.

Ursprünglich stammt der Begriff »Nachhaltigkeit« aus der Fortwirtschaft und besagt, dass Waldnutzer einem Wald immer nur so viel Nutzholz entnehmen dürfen, wie unter normalen Umständen nachwachsen kann, sodass der Bestand des Waldes insgesamt nicht gefährdet wird. Nur so können auch spätere Nutzer noch von den natürlichen Ressourcen profitieren. Einen gesunden Mischwald abzuholzen und eine schnell wachsende Monokultur zu pflanzen, entspräche nicht der Nachhaltigkeit. Das Konzept besagt aber auch: Der Wald wird nicht *nicht* genutzt. Einen Wald sich selbst zu überlassen und den Menschen auszusperren, entspräche eben nicht der Idee der Nachhaltigkeit – es wäre kein Mittelmaß, sondern Extremmaß.

Gleiches gilt für viele andere Bereiche, in denen sich Ökologie und individuelle Bedürfnisse, letztlich auch persönliche Bequemlichkeit, gegenüberstehen. Wer alle Menschen zu Veganern (oder auch nur Vegetariern) erziehen will, ihre individuelle Mobilität übermäßig einschränken oder ihren Energieverbrauch in zu hohem Maß belasten will, verrennt sich und ist zum Scheitern verurteilt. Ein Mittelmaß mag zwar nicht so »sexy« sein wie eine extreme Position, hat aber größere Chancen, von mehr Menschen akzeptiert zu werden. Das Mittelmaß ist das dem Menschen gemäßeste. Viele Menschen lassen sich nämlich mit guten Argumenten davon überzeugen, seltener Fleisch zu essen, weniger Energie zu verbrauchen und gelegentlich auf die Bahn umzusteigen. Das wachsende Umweltbewusstsein der letzten Jahrzehnte beweist es.

Mit einem solchen – gemäßigten – Ziel sind auch leichter widerstrebende wirtschaftliche Interessen zu vereinbaren. Denn natürlich haben wir uns an die Annehmlichkeiten des Wohlstands gewöhnt. Die wenigsten Menschen werden bereit sein, sie aufzugeben. Auf die zweite der genannten Haltungen bezogen, gilt sogar: Wohlstand und die Annehmlichkeiten einer modernen Zivilisation sind das Ziel – und die Ökologie dient dazu, dass möglichst viele Menschen diese Errungenschaften möglichst unbeeinträchtigt und dauerhaft genießen können.

Mittelmaß statt Gewinnmaximierung

Das beinhaltet auch die Würdigung des Mittelmaßes in der Ökonomie, dem wirtschaftlichen Handeln. Zugegeben: Leicht wird das nicht. Schließlich gehört das Mittelmaß nicht zu den Leitprinzipien der kapitalistischen Wirtschaftsordnung. Globalisierte Konzerne orientieren sich an der Gewinnmaximierung. Die weltweiten Aktien- und Kapitalmärkte haben, allen Marketingbekenntnissen zu Nachhaltigkeit und sozialer Verantwortung zum Trotz, wenig Mitleid mit Unternehmen, die ein gesundes Mittelmaß anstreben. Das liegt hauptsächlich daran, dass die Chancen für kurzfristige Gewinne und die Verantwortung für langfristige Entwicklung im modernen Finanzmarktkapitalismus entkoppelt wurden. Ein Familienunternehmen mag auf den schnellen Euro verzichten, um sich langfristige Perspektiven zu sichern. Vorstandsvorsitzende von Aktienkonzernen müssen hingegen vor allem institutionelle Anleger von Quartal zu Quartal überzeugen.

In Deutschland arbeiten rund zwei Drittel aller Beschäftigten in kleinen und mittleren Unternehmen, den sogenannten KMU. Dieser Mittelstand umfasst allerdings ein sehr breites Spektrum von Firmengrößen, da die kleine Autowerkstatt mit zwei Mechanikern genauso dazugehört wie ein global tätiges Maschinenbauunternehmen mit 250 Angestellten und 50 Millionen Euro Umsatz. Zu den KMU zählen außerdem die »hidden champions«, die »unbekannten Marktführer«: mittelständische Firmen, die in ihrem begrenzten Segment Weltmarktführer sind, aber nie anstreben würden, zu einem Konzern zu wachsen. Drei Beispiele: Die Wanzl Metallwarenfabrik in der bayerischen Stadt Leipheim (bei Günzburg) ist der weltgrößte Hersteller von Einkaufswagen. Von der Alfred Ritter GmbH & Co. KG im baden-württembergischen Waldenbuch kennt fast jeder die Schokoladenmarke Ritter Sport. Das Familienunternehmen wird häufig für seine soziale Verantwortung gelobt. Ebenfalls zu den Vorzeigefirmen gehört der Werkzeugmaschinenhersteller Trumpf mit Sitz in Ditzingen bei Stuttgart, der jedoch bereits eine beachtliche Größe erreicht hat. In der letzten Wirtschaftskrise setzte Trumpf alles daran, keine Mitarbeiter zu entlassen, sondern schickte sie stattdessen zur Weiterbildung.

Noch finanziert sich der größte Teil der mittelständischen Firmen in Deutschland über Bankkredite, nicht über den Kapitalmarkt. Das minderte bisher die Ausrichtung auf eine kurzfristige Gewinnorientierung, wie sie in kapitalmarktabhängigen Konzerne üblich ist. Allerdings sind damit die Unternehmen bei ihrer Geldbeschaffung in hohem Maß auf das Wohlwollen der Banken angewiesen. Auch hier profitiert die deutsche Wirtschaft vom Mittelmaß: Nicht Großbanken, sondern kleine und mittlere Sparkassen sowie Volks- und Raiffeisenbanken sind die wichtigsten Kreditgeber der KMU. Im Sinn einer an Mittelmaß und Mittelstand orientierten Wirtschaftspolitik wäre es notwendig, solchen Unternehmen bezahlbare Refinanzierungsmöglichkeiten zu sichern.

Bedenklich ist, dass nach der letzten großen Finanzkrise verstärkt mittelständische Firmen in den Fokus von Hedgefonds geraten sind, weil ihre Übernahmen leichter zu finanzieren sind. Diese Unternehmen werden dann oft ausgepresst, zerschlagen und die profitablen Sparten verkauft. Nicht Mittelmaß, sondern maximaler Profit in kürzester Zeit sind die treibenden Kräfte in Hedgefonds und Private-Equity-Firmen. Nach Schätzungen von Experten könnten etwa 15.000 deutsche Mittelständler für Hedgefonds von Interesse sein.

Hier soll nichts beschönigt werden: Möglicherweise sind in dem einen oder anderen Konzern die Beziehungen zwischen Arbeitnehmern und Arbeitgebern besser – weil professioneller – als in einem mittelgroßen Familienunternehmen mit einem despotischen Patriarchen an der Spitze. Trotzdem hat sich in der Finanzkrise gezeigt, dass Mittelständler eher versuchen, ihre Mitarbeiter auch in schwierigen Zeiten zu halten – nicht zuletzt, weil sie hoch spezialisierte Fachkräfte beschäftigen, deren Rekrutierung mit hohen Kosten verbunden ist. Deshalb ist das Mittelmaß, der richtige Ausgleich zwischen Renditeerwartung und gesamtgesellschaftlicher Verantwortung, in der Regel bei mittelständischen Unternehmen eher vertreten als in Konzernen.

Die Politik hingegen orientiert sich noch immer an Großunternehmen. Ein Beispiel: In ihrem im September 2010 mit den vier großen Stromversorgern ausgehandelten Atomvertrag sichert die Bundesregierung deren Oligopol auf Kosten der Stadtwerke. So erklärte etwa Sven Becker, Geschäftsführer des Netzwerks Trianel, eines Verbunds kommunaler Energieversorger, in einem Hörfunkinterview, die von der Regierung geplante Verlängerung der Laufzeit von Atomkraftwerken sei »Gift für den Wettbewerb« und führe dazu, dass »der Kunde die Zeche zahlt, weil der Markt verschlossen wird und ein Oligopol für überteuerte Strompreise sorgt«. Von der Behinderung der alternativen Energieerzeugung ganz zu schweigen.

Erneut muss auch in diesem Zusammenhang unterstrichen werden, dass Mittelmaß nicht Mittelmäßigkeit bedeutet. Niemandem wäre mit Unternehmen gedient, die nur mittelmäßige Produkte herstellen – so wie sich niemand eine mittelmäßige Umweltpolitik wünschte. Doch das mittlere Maß, der Ausgleich der Interessen und Ambitionen, ist in beiden Fällen ein guter Maßstab.

Warum Amerikas härtester Manager falschliegt

Unternehmen müssen ihren Blick auch auf die Arbeitsbeziehungen richten. Noch zu viele Firmen glauben, mit ein paar sich genialisch gebenden Managern an der Spitze den Erfolg sicher in der Tasche zu haben. Doch im Arbeitsleben gilt das Gleiche wie in der Bildungspolitik: Ein gutes, stabiles Mittelmaß zu fördern, ist segensreicher, als wenige Spitzenkräfte herauszuheben. Die Firmen sind geradezu darauf angewiesen, dass es Mitarbeiter gibt, die ihre Arbeit ordentlich und zuverlässig erledigen, jedoch nicht den Ehrgeiz entwickeln, in eine Topposition vordringen zu wollen. Sie machen die Kärrnerarbeit. Ein Unternehmen, das nur auf Alphatiere setzte, bräche vermutlich sehr bald auseinander – die Mitarbeiter wären nur noch damit beschäftigt, sich zu profilieren.

Das macht Managementmethoden, die Mitarbeiter systematisch unter Druck setzen, nicht nur unmenschlich, sondern widersinnig. *Spiegel.de* nannte Jack Welch, ehemaliger Vorstandschef des US-Konzerns General Electric (GE), einmal den »härtesten Boss Amerikas«. Das Nachrichtenportal beschreibt das Vorgehen des Spitzenmanagers so: »Besonders berüchtigt ist Welchs Mitarbeiterranking. Einmal pro Jahr muss jeder GE-Bereichsleiter sein Managementteam in drei Kategorien einteilen. Die besten 20 Prozent sind Typ A, die durchschnittlichen 70 Prozent Typ B und die schlechtesten zehn Prozent Typ C. Von dem Ranking hängt die Bezahlung ab, die Cs werden in der Regel gleich entlassen.« Nach Expertenschätzungen wendet ein Viertel aller US-Unternehmen diese Methode in der einen oder anderen Ausprägung an. Die darin zutage tretende Verachtung für das Mittelmaß erweist sich auch als betriebswirtschaftlich unsinnig. Gute Arbeitsbedingungen für das Mittelmaß steigern die Produktivität eines Unternehmens nämlich am Ende mehr als ein paar aufgepäppelte Karrieristen, die nach ganz oben wollen. In einem guten Betriebsklima mit intensiver Förderung aller leisten die Mittelmäßigen zusammen mehr, als ein paar Herausragende allein jemals bewerkstelligen könnten.

Mittelmaß –
eine Verteidigung

Gelegentlich liest man in Zeitungen, Zeitschriften oder auf Webseiten Überschriften wie »Deutschlands Absturz ins Mittelmaß«, »Deutsche nur noch Mittelmaß« oder Ähnliches – gemeint sind sie wohl als Mahnungen. »Seht euch vor«, wollen die Autoren sagen, »gleich hinter dem Mittelmaß lauert das abgrundtiefe Nichts«. Tatsächlich aber kann man es sich im Mittelmaß nicht nur bequem einrichten, das Mittelmaß kann sogar ein erstrebenswerter Ort sein. Das gilt besonders für ein Land wie Deutschland. Im Hinblick auf Größe und Einwohnerzahl sind wir kaum mehr als unteres Mittelmaß. Und es zeigt sich, dass größere Länder ihre Probleme nicht besser, sondern vielfach schlechter lösen. Der Berliner Politikwissenschaftler Herfried Münkler legt in seinem Essayband *Maß und Mitte* ausführlich dar, wie die Deutschen ihre »Mittellage« in der Geschichte ganz unterschiedlich interpretiert haben: zum einen als saturierte Mittelmacht im europäischen Mächtekonzert, zum anderen als verhinderte Großmacht, die alles tun müsse, um über das Mittelmaß hinauszuwachsen. Es war am Ende nicht die Bescheidung auf das Mittelmaß, die zu den großen Katastrophen des 20. Jahrhunderts geführt hat.

Münkler weist zugleich darauf hin, dass es uns nicht einfach zufällt, das Mittelmaß zu halten: »Die Mitte ist somit im weit höheren Maße auf die sie umgebenden Extreme angewiesen, als sie wahrhaben will. Sie zapft den notorischen Erregungszustand der Peripherie an, um die Ruhe zu bewahren. Das aber heißt, dass die Mitte beschränkt bleiben muss. Wo alles Mitte ist, ist es mit der Mitte schnell vorbei. In diesem Sinne ist sie nicht nur der Hüter des Maßes, sondern muss auch selbst Maß halten.«

Mittelmaß heißt nicht Stillstand, heißt nicht, sich treiben zu lassen. Auch das Mittelmaß bedarf steter Anstrengung und eines gewissen Eifers. Es heißt aber sehr wohl, die Beschränktheit menschlicher Möglichkeiten zu erkennen – und anzuerkennen. Das Mittelmaß ist somit das menschengerechteste Maß.

Literatur

Aristoteles: Die Nikomachische Ethik. Ditzingen 1986.

Bueb, Bernhard: Lob der Disziplin. Berlin 2006.

Dahrendorf, Ralf: Bildung ist Bürgerrecht. Plädoyer für eine aktive Bildungspolitik. Hamburg 1965.

Eco, Umberto: Derrick oder Die Leidenschaft für das Mittelmaß. Streichholzbriefe 1990 bis 2000. München 2000.

Enzensberger, Hans Magnus: Mittelmaß und Wahn. Gesammelte Zerstreuungen. Frankfurt am Main 1988, S. 250–276.

Fine, Cordelia: A Mind of Its Own. How Your Brain Distorts and Deceives. London 2007.

Flynn, James R.: Massive IQ Gains in 14 Nations: What IQ Tests Really Measure. In: Psychological Bulletin 101 (1987), S. 171–191.

Flynn, James R.: What is Intelligence? Beyond the Flynn Effect. Cambridge 2007.

Friedrichs, Julia: Gestatten: Elite. Auf den Spuren der Mächtigen von morgen. Hamburg 2008.

Golden, Daniel: The Price of Admission: How America's Ruling Class Buys Its Way into Elite Colleges – and Who Gets Left outside the Gates. New York 2006.

Hartmann, Michael: Elitesoziologie. Eine Einführung. Frankfurt am Main 2004.

Hartmann, Michael: Eliten und Macht in Europa. Ein internationaler Vergleich. Frankfurt am Main/New York 2007.

Herder, Johann Gottfried: Fragmente über die Deutsche Literatur. Band 1. Berlin 1893.

Köhlmeier, Michael: Abendland. München 2008.

Münkler, Herfried: Die Deutschen und ihre Mythen. Berlin 2009.

Münkler, Herfried: Mitte und Maß. Der Kampf um die richtige Ordnung. Berlin 2010.

Muscat, Sabine: Nachsitzen! US-Präsident Obama will mit dem Wettbewerb »Race to the Top« Schulen fit machen für die Zukunft. In: Financial Times Deutschland, 3. September 2010, S. 15.

Nietzsche, Friedrich: Der Antichrist. Versuch einer Kritik des Christentums. Frankfurt am Main 1986.

Nietzsche, Friedrich: Also sprach Zarathustra. Ein Buch für Alle und Keinen. Frankfurt am Main 2008.

Platon: Politeia (Der Staat). Ditzingen 1982.

Ridley, Matt: Nature via Nurture. Genes, Experience and What Makes Us Human. London 2004.

Röpke, Wilhelm: Maß und Mitte. Erlenbach bei Zürich 1950.

Rost, Detlef H. (Hrsg.): Hochbegabte und hochleistende Jugendliche. Befunde aus dem Marburger Hochbegabtenprojekt. 2., erweiterte Auflage. Münster 2009.

Rust, Holger: Das Elite-Missverständnis. Warum die besten nicht immer die Richtigen sind. Wiesbaden 2005.

Schmoll, Heike: Lob der Elite. Warum wir sie brauchen. München 2008.

Weber, Martin: Auch Fernsehen will gelernt sein. In: Stuttgarter Zeitung. 2. August 2010, S. 14.

Wieland, Christoph Martin: Sämmtliche Werke. Band 13. Herausgegeben von Johann Gottfried Gruber. Leipzig 1844.

Wocken, Hans: Schulleistungen in heterogenen Lerngruppen. In: Integrationspädagogik. Herausgegeben von Hans Eberwein. Weinheim/Basel 1999, S. 315–320.

Zweig, Stefan: Sternstunden der Menschheit. 53. Auflage. Frankfurt am Main 2010.